AF450980

SIEMPRE CONMIGO, MI AMADA NIÑA

Un camino de autoconocimiento,
amor y sanación en conciencia
de las heridas de la infancia

Evelyn Coombs

Siempre conmigo, mi amada niña

Un camino de autoconocimiento,
amor y sanación en conciencia
de las heridas de la infancia

Evelyn Coombs

bubok
EDITORIAL

A mi alma, por darme la oportunidad de sanar;
a mi amada niña interior, por confiar en mí;
a mi conciencia, por despertar,
y a ti, querido lector, por tener el coraje
de enfrentarte a ver tus sombras…
¡Bravo!

Agradecimientos

A mi pequeña familia, a quienes amo intensamente, mi esposo Bart y mi increíble hija Luciana, quienes me dieron su apoyo con amor, creyeron en mí y me permitieron contar con el tiempo para dedicarme a escribir este libro. Sin ellos, este libro no sería una realidad.

A mis padres: mi mami, quien es un ejemplo de fe y amor incondicional y que, a pesar de todas sus propias travesías en esta vida terrenal, sabe brindarme su apoyo con palabras y actos que muestran su fortaleza, resiliencia y entrega a su familia; mi papi, quien, aunque es de pocas palabras, siempre creyó en mí y en mi capacidad de superación.

A mi hermano, con quien volví a tener una conexión después de haberla perdido por mucho tiempo; te extrañaba, y tu apoyo desde siempre fue un ancla para sobrevivir.

A D., quien al conocer mi historia me apoyó en momentos grises de mi vida. Tu apoyo fue esencial cuando enfrentaba la oscuridad.

A la ACCA y sus mentores, quienes me dieron ese empujón que necesitaba para escribir este libro y de esta manera ayudar a iniciarme en este viaje de amor propio sin retorno.

A todas y cada una de las personas que se aventuren a leer mis líneas y mi mensaje, a sus almas valientes y hermosas y a sus hermosos niños interiores. ¡Gracias, gracias, gracias!

Índice

INTRODUCCIÓN

Es que no se va, aquí está otra vez, sale antes de que yo pueda entender. Sale cual galope, apurado, indomable e imperturbable… Entonces… todo cambia, el día se vuelve noche, la tinaja se rompe, la ventana se quiebra y yo soy… esa que ante las luces dice sí a todo, esa que siempre está para todos, esa que no tiene arreglo, esa que estropeó todo, esa que acepta todo y se pone de último, esa que quiere todo perfecto, esa a la que nada le hace feliz, esa que nadie quiere cerca, esa que necesita siempre el apoyo de alguien, esa que no puede vivir sola, esa que no vale nada, «esa que creo que yo soy» ante la multitud, ante las cámaras, ante el mundo; esa que carga una máscara de «esa es quien yo soy». Cada día el mundo me cansa más, porque pide más de mí, porque nada es suficiente, porque no me siento plena y completa…, y cuando llega la noche, cierro los ojos y aquí en mi cama, puedo ver sin mirar con mis ojos físicos cómo mis máscaras se caen, y mientras sueño, mi inconsciente toma el mando, mi ego y mis máscaras ya no son los actores principales de mi vida; en este momento puedo volar, puedo fluir, puedo sentirme libre…, puedo soltar las presiones de fingir ser quien en realidad no soy. Pero ese «yo soy» ahí dormido, ese es el que nadie conoce, ni siquiera yo misma, ese «yo soy» fue enviado a las oscuridades del océano de mi mente, y ahí está desde hace tantos años que ni siquiera soy capaz de reconocerme, está ahí aguardando por mí. Ese ser tiene otra mirada, tiene otra forma, tiene una esencia más pura, es mi propio ser con la forma de una niña llena de amor, pero a la vez asustada… Fue dejada en esa oscuridad y lo único que espera es volverme a ver. Esta pequeña se quedará en ese estado, en ese lugar escondido hasta que yo decida volver mi rostro hacia mi interior y reencontrarme con ella. No, no estoy siendo dura conmigo misma y no pretendo que lo seas tú tampoco, la verdad es que no fue culpa nuestra todo lo que pasó, solo hicimos lo necesario para sobrevivir cuando todo sucedió, pero en ese caminar dejamos a esa niña en el camino, allá atrás, lejos de ti. Esa niña, sin que ni siquiera nos demos cuenta con nuestra mente consciente y desde esas profundidades, sigue controlando nuestra vida ahora como adultos, determinando cómo reaccionamos ante cada situación que se nos presenta y estipulando cómo ves la vida. Esa niña se volvió, sin darnos cuenta, en nuestro observador.

Cuando podamos volver a conectarnos con nuestra esencia, nos daremos cuenta de que todo está ahí para nosotros, esperando ser encontrado un día, para hacer de ti un ser completo nuevamente, para empezar el camino hacia lograr lo que viniste a ser en esta vida, que no es nada menos que un ser de luz, de amor y energía que vibra alto.

Sin duda, el poder para cambiar tu vida no depende de nadie, excepto de ti misma. Depende de tu valentía para enfrentar tus sombras, tu ego, quitar tus máscaras y reconectar con tu esencia. Este es el momento en el que debemos reconocer que somos adultos y de tomar en nuestras manos la responsabilidad de trabajar en la reconexión con nuestra esencia más innata y pura, y de entender que solo logrando esta conexión estaremos frente al camino hacia nuestra sanación.

El momento es ahora, no podemos modificar el pasado, pero podemos trabajar en el presente para lograr un mejor futuro, un futuro en el que puedas verte como una persona más completa, viviendo en mayor plenitud. El pasado también sucedió como parte de tu aprendizaje en esta vida y nadie puede negar que pudo haber sido muy doloroso, complejo, difícil y en muchos casos abrupto y hasta desgarrador, nadie puede decirte que no fue nada y que lo olvides así por así, porque seamos realistas, no funcionará; sin embargo, abre tus hermosos ojos y reconoce que ahora ya no eres más esa niña... mírate y ve a la adulta que eres ahora, asumamos nuestra responsabilidad con amor y paciencia... Te invito a que sanemos nuestras heridas de la niñez juntas, te invito a despertar tu conciencia y abrirte a explorar más allá de lo conocido, a permitirme mostrarte el camino que yo tomé y a que tú encuentres el tuyo propio, a caminar con calma y sin prisa, pero de manera urgente, a embarcarte en el camino que iniciará el reencuentro con tu amada niña, tu retorno a casa, pero no a cualquier casa: a la tuya, a ese lugar donde la magia existe, donde te sientes plena, sin miedos, donde tu valor no dependa de nadie ni de nada, donde te reencuentres con tu verdadero yo. Ahí es donde se inicia el retorno al hogar.

FÁBULA BUDISTA

Me encantó encontrar la fábula budista que te dejo a continuación, va muy bien con el camino que vamos a emprender, léela, entiéndela y disfruta.

Hace tiempo, una anciana llamada Rabiya, muy querida en un pequeño pueblo, comenzó a buscar algo en la calle. A todos les gustaba la compañía de Rabiya, y solían contarle sus problemas porque siempre les daba buenos consejos. Las personas que la vieron se acercaron y preguntaron:

—¿Qué buscas, Rabiya? ¡Te ayudaremos!

—Oh, sois muy amables. Se me cayó una aguja.

—¿Una aguja? Será difícil, pero te ayudaremos —contentaron sus vecinos.

Todos empezaron a buscar la aguja, pero no encontraban nada. Entonces preguntaron:

—Rabiya, ¿no recuerdas en qué zona de la calle se cayó la aguja? La calle es muy larga y eso ayudaría a acercarnos más a nuestro objetivo. Además, está a punto de anochecer y ya no tendremos luz para buscar.

—Oh, el caso es que no se me cayó en la calle, sino en mi casa.

—¿Cómo? Entonces… ¿por qué buscamos aquí algo que no podremos encontrar?

—Es cierto, eso me pregunto yo… No sé por qué siendo tan inteligentes, malgastáis esa inteligencia cuando se trata de buscar la felicidad. No sé por qué andáis buscando siempre la felicidad en la calle y lejos de vosotros, en lugar de buscarla donde la perdisteis… en vuestro interior.

Y sonriendo, Rabiya se dio media vuelta y entró en su casa, dejando una profunda reflexión en todos sus vecinos.

Moraleja: «Sé inteligente y no busques la felicidad lejos de ti. La perdiste dentro».

La anciana que buscaba una aguja,
fábula budista sobre la felicidad.

Capítulo 1

UN MINUTO DE TU TIEMPO

¿Quién eres y cómo estás?

¿Quién eres?

«¡Hola!, yo soy…». Te invito a completar esa oración.

La primera vez que me hicieron esa pregunta me quedé paralizada por un momento, no sé si fueron segundos o minutos los que transcurrieron, pero sin duda hubo un silencio antes de mi respuesta. Ya había escuchado esa pregunta anteriormente, pero no sabía qué respuesta dar. Solo por curiosidad, ¿qué respondiste tú?

Parece una pregunta fácil. Sin embargo, ¿de verdad lo es? Por mucho tiempo creí que sabía la respuesta y estaba equivocada. Habitualmente la respuesta a esa pregunta es algo como: «yo soy una mamá, una doctora, abogada, estudiante, una mujer, ama de casa, una esposa, una escritora, una amiga», etc. ¿Y qué pasaría si te digo que todas esas respuestas son los roles que cumplimos en nuestra sociedad y no realmente quiénes somos?, ¿me creerías? En realidad no estoy tratando de convencerte o cambiar tu forma de pensar de la noche a la mañana; para serte sincera, por costumbre yo di esa respuesta por casi toda mi vida y muchas veces aún me descubro repitiendo ese patrón. Lo importante es que ahora cuando sucede, lo noto y lo cambio.

El camino del autoconocimiento espiritual requiere de un trabajo arduo y constante, requiere de mucha voluntad propia y de ese deseo ardiente de reconocernos como más que simples cuerpos físicos, requiere también de valentía, de darte tiempo para ti misma, tiempo de conexión interna, tiempo de silencio, paz y meditación, tiempo de adentrarte en tu interior y nadar en lo desconocido por tu mente consciente. No te asustes, aunque suene como mucho trabajo, es la mejor inversión que puedes hacer en ti misma, es importante, urgente, es el único camino y sin duda alguna te conviertes en la mejor versión de ti misma, porque te descubres, descubres tu verdadero «yo soy».

Las palabras «yo soy» tienen un poder increíble, recordemos que también Jesús mencionaba mucho estas palabras y que su significado está relacionado con ser divino y eterno. A continuación, te haré otra pregunta que espero respondas con sinceridad.

¿Cómo estás?

Seamos sinceros, esta pregunta es sin duda una de las que más escuchamos en nuestro diario vivir. Quizá la que más nos han hecho o la que más hacemos nosotros mismos; sin embargo, a la vez, es una de las preguntas que casi nunca respondemos de manera consciente, es decir, respondemos en automático. Si ahora mismo yo te pregunto: ¿cómo estás?, podría decir casi con seguridad que tu respuesta sería: «estoy bien» o «bien», «bien, gracias», etc. Y a continuación diríamos: «¿y tú cómo estás?», a lo cual la respuesta casi siempre es: «también estoy bien».

Es como si camináramos por el mundo adoctrinados con preguntas y respuestas repetitivas, y nada más lejano a la realidad, ya que lo hacemos de manera automática, tanto la pregunta como la respuesta. Pregúntate ahora mismo cuándo fue la última vez que alguien te hizo esa pregunta y cuál fue tu respuesta, o cuándo fue la última vez que tú la hiciste y cómo te respondieron, ¿fue hace una semana, ayer, hoy? Muchas veces ni siquiera estamos verdaderamente interesados en saber cómo está la otra persona, lo hacemos como un simple acto de educación o cortesía, o porque así nos enseñaron, así nos programaron desde que fuimos niños. Mamá, papá o mis cuidadores lo hacían y se veía como lo correcto, entonces ahora lo hacemos de manera automática; lo mismo sucede con la respuesta, la damos en automático y casi nunca es la realidad sobre cómo estamos. Entiendo perfectamente si esa es la respuesta a un extraño, que por ejemplo nos saluda en un centro comercial o en una tienda; sin embargo, esta también es la respuesta a las personas que se supone son nuestra tribu, nuestras amistades o familias cercanas... Pensamientos que nos llegan podrían ser: «no quiero decirle cómo me siento de verdad porque no quiero que piense mal de mí», o «¿qué va a pensar si sabe cómo me siento de verdad? ¿Va a dejar de valorarme? ¿Va a dejar de respetarme?». Y si vamos a un extremo, incluso podríamos pensar: «¿va a dejar de amarme?». Este tipo de preguntas y autorespuestas también están regidas por dos situaciones posibles: una, tus creencias, y dos, tus heridas de la niñez o juventud en algunos casos.

Este libro exigirá tu compromiso a ser honesta contigo misma, a que sepas que nadie puede juzgarte y que el único camino hacia el verdadero encuentro con tu ser es aceptando inicialmente tu situación actual, pero no desde una perspectiva física y materialista, sino más bien desde el punto de vista de que vinimos a este mundo a vivir en el SER. No se puede cambiar lo que no se conoce, lo que no ves como equivocado, ya que creciste creyendo que era normal; entonces el primer paso es reconocer que existen actitudes que no son nuestras y que vienen accionadas desde nuestro subconsciente, ya sea por nuestras heridas emocionales de la niñez (de las cuales hablaremos más ampliamente en capítulos posteriores) o por nuestra programación de creencias que adquirimos en los primeros años de nuestras vidas y que seguimos adquiriendo día a día; en la mayoría de los casos estas creencias son limitantes, es decir, nos limitan sin que ni siquiera nosotros seamos conscientes de ello, son como barreras invisibles que evitan que avancemos en diferentes aspectos de nuestras vidas.

Vivir en el SER es una tarea de amor para toda la vida. Implica vivir más conectados con nosotros mismos, validar nuestras emociones, estar en contacto con nuestras propias necesidades, poner límites desde el amor y el respeto y, aunque suene redundante, respetar los límites establecidos, etc.

Básicamente te estoy pidiendo que te plantees volver a ser el piloto de tu propia vida, te estoy animando a ver que no eres tú quien está dirigiendo tu vida, te estoy sugiriendo que es hora de quitar el piloto automático y retomar el volante.

Es un rotundo despertar, es un antes y un después.

Escúchame, porque no puedo ser más sincera, nadie va a juzgarte, y si lo hacen, no deberías poner atención a ello, es tu derecho trabajar en el despertar de tu conciencia en esta vida, por lo que te recomiendo que seas lo más honesta posible. Tómate unos segundos, respira, y cuando estés lista, completa las preguntas de autoevaluación de este capítulo.

Te daré tan solo dos instrucciones. La primera es que seas honesta al 100 %, esto es para ti, no tienes que impresionar a nadie ni validar a nadie que no seas tú. La segunda instrucción es que respondas a las preguntas de manera escrita; a continuación de cada palabra encontrarás un espacio donde deberás escribir tus respuestas. Si el espacio no es suficiente, te invito a continuar escribiendo en un papel adicional, de ninguna manera cohíbas las respuestas que vienen solo porque el espacio debajo de la pregunta no fue suficiente para lo que quieres expresar. Recuerda, esto es para ti y solo para ti.

Introspección Capítulo 1:
¿Quién eres y cómo estás?

1. ¿Cuándo fue la última vez que te sentiste verdadera y profundamente feliz?

2. ¿Quién eres?

3. ¿Qué es lo que más te apasiona?

4. ¿Qué te hace reír desde el corazón, es decir, de manera genuina?

5. ¿Qué ves cuando te miras en el espejo cada mañana?

6. ¿Qué amas de ti misma? ¿Qué cambiarías de ti?

7. Responde ahora, ¿cómo estás?

Quizá te estás preguntando por qué todas estas preguntas y cómo te ayudarán a reconocer tus heridas emocionales de la infancia, y sin duda entiendo lo que te estás cuestionando. Por ello y por respeto a ti me gustaría explicarte un poco más del proceso antes de continuar.

Uno de mis objetivos principales (mejor dicho, uno de los deseos de mi corazón) es ayudarte mostrándote las técnicas que yo misma usé en mi proceso hacia la sanación de mis propias heridas de la infancia; sin embargo, la sanación de nuestras heridas emocionales es solo un paso en el camino que estarás emprendiendo conmigo o que quizá ya emprendiste; en ese caso, no estás aquí por coincidencia, ya que sinceramente estas no existen, sino que son creadas: si estás aquí, es porque existe algo que podría resonar contigo en este libro.

Este primer capítulo, así como los capítulos 2, 3 y 4, son capítulos dedicados a que te puedas mirar a ti misma y autoevaluar tu estado presente. Para avanzar, primero necesitas reconocer y aceptar dónde te encuentras ahora. Dediqué estos capítulos básicamente al autoconocimiento.

No me gustó la idea de solo darte un cúmulo de información sobre heridas emocionales sin antes hacer una evaluación, sin antes mostrarte que existe una realidad más profunda detrás de estas heridas, sin antes explicarte y causar en ti un sentido de reflexión sobre tu situación actual. También me encantaría que a través de mis letras puedas lograr hacerte primeramente consciente de que la realidad no es lo que nuestro ego, creencias, etc., nos han hecho creer; y al hacerlo, te harás también consciente de lo que otras personas están atravesando en esta vida. Al verte a ti misma desde otro enfoque, desde otra perspectiva, logrando conocerte un poco más y mejor, podrás ver al otro con unos ojos diferentes, dejando de juzgar con tanta facilidad, dejando de desmerecer lo que el otro hace o no hace, dejando de creer que el otro es el equivocado siempre, y por el contrario respetar el camino de cada persona, ese camino es único e intransferible. Nos pasamos la vida tratando de caminar por los demás, o quejándonos porque su camino no es el que nos gustaría. Déjame decirte con suavidad, pero a la vez con firmeza: nadie puede caminar por el otro, así como no puedes obligarlo a caminar por donde tú quieres; sin embargo, puedes entenderlo, y si el otro está listo, tú puedes mostrarle tu camino, así como lo hago yo aquí, como una guía para que el otro aplique lo que le resuene mejor y que le ayude a despertar su conciencia y a encaminarse a su verdadero hogar.

En el capítulo 5 nos adentraremos en el análisis de cada una de las heridas, el cómo reconocerlas en la edad adulta y el cómo nos afectan y dirigen nuestra vida de diferentes maneras.

El capítulo 6 fue para mí casi imposible de evadir, ya que es así como yo empecé a reconocer mis propias heridas e inicié mi camino de sanación. Si bien en este capítulo encontrarás temas que cada uno podría ver ampliados en un libro completo, me decidí a escribirlo y al menos darte una pequeña pauta de esta maravillosa conexión entre nuestra alma, mente, cerebro y cuerpo; seguramente, si tú encuentras alguno de estos temas en particular muy interesante, encontrarás muchísimos libros que podrán aclararte cualquier duda.

En el capítulo 7 ponemos en acción las herramientas que yo usé y sigo usando, y a la vez incluye algunas adicionales, porque entiendo que cada persona es diferente y respeto nuestras diferencias, que van más allá de lo físico; entiendo que nuestras percepciones son diferentes, que somos observadores de la vida con miradas únicas hacia la misma.

Capítulo 2

TU ESTADO PRESENTE

Es tiempo de ser honesto

Hoy es un buen día para ser honesta contigo misma. Así que decidí iniciar este capítulo de una manera diferente. Mi intención principal es tener una radiografía más real y auténtica sobre tu estado presente.

A continuación, encontrarás una serie de preguntas que debes responder. Nuevamente voy a pedirte que olvides todo lo externo, estás solo tú en este momento, no tienes que impresionar a nadie con estas respuestas, nadie puede juzgarte, pero lo más importante es que no te juzgues a ti misma. No pienses con tu mente consciente qué es lo correcto, qué deberías escribir, qué le gustaría a mamá, a papá, a tus hijos o a tus amigos leer sobre ti, olvídate del mundo externo por unos minutos y solo sé real, auténtica y honesta contigo misma.

Trabajar en ti misma no es egoísta, porque nuestro primordial objetivo en esta vida es sanar nuestra alma, nuestro «yo» superior que está siempre dentro de nosotros, como un gran maestro, un gran tesoro escondido y es nuestro trabajo de amor el encontrar ese tesoro y tomarlo con nosotros, porque es nuestro, porque ya nos fue dado, porque nos pertenece.

En la descripción de cada una de las heridas de la infancia que veremos más adelante en este libro, podrás encontrar y verificar tus respuestas y su correlación con cada herida. Sé que quieres ir allá de inmediato, pero por favor, no lo hagas, paso a paso y cada cosa en su momento.

PREGUNTA	SI	NO
1. Cuando te hablan muy alto o con demasiada firmeza, ¿tiendes a salir de la escena? Sabes que si te quedas, perderías los estribos y no terminaría bien.		
2. ¿Crees que debes hacer todo el trabajo tu sola porque nadie más lo haría como tú lo quieres, es decir, perfecto según tu visión?		
3. ¿Sueles entrar en relaciones que no puedes soltar?		
4. ¿Siempre pones a los demás primero?, ¿tus necesidades van después de las de los demás?		
5. ¿Sientes que tu seguridad está basada en el dinero, tu imagen, tu profesión?		
6. ¿Sientes que no eres comprendida en la relación y que no eres escuchada?		
7. ¿Sientes que necesitas a una pareja para vivir?, ¿no concibes la vida estando sola?		
8. ¿Eres muy sensible y te sientes criticada a menudo?		
9. ¿Sientes que no puedes confiar en los demás y que siempre serás decepcionada?		

PREGUNTA	SI	NO
10. ¿Vives preocupada por los demás y sientes que es tu responsabilidad que sean felices?		
11. ¿Tienes problemas en tus relaciones porque sientes que no te entienden?		
12. ¿Te cuesta mucho pedir ayuda de otros?		
13. ¿Sientes que siempre debes estar feliz, aunque no lo estés, y te cohíbes de enfadarte?		
14. ¿Muchas veces sientes vergüenza de ti misma o de tus acciones?		
15. ¿Prefieres pasar desapercibida?, ¿no te gusta estar en el foco de la atención?		
16. ¿Prefieres y eliges el asiento de atrás para que no te hagan preguntas?		
17. ¿Sientes que la vida es demasiado difícil y que es injusta contigo?		
18. ¿Te gusta hacer alarde de tus logros y trabajas sin medida?, ¿te sobresfuerzas para conseguir tus metas?		
19. ¿Se te hace muy difícil decir que no a cualquier cosa que te piden?		
20. ¿Tienes ese sentimiento de que eres rechazada y no formas parte del grupo?		
21. ¿Crees que siempre tienes la razón y los demás deben hacer lo que tú dices?		

PREGUNTA	SI	NO
22. ¿Sientes envidia de lo que los demás son o tienen y no sabes por qué, simplemente lo sientes cada vez que alguien logra algo que tú no has logrado?		
23. ¿Te aíslas fácilmente y prefieres estar sola?, ¿no lo disfrutas pero lo prefieres?		
24. ¿Tienes poca paciencia y esperas que los demás acepten tus opiniones?		
25. ¿Mientes con facilidad?		
26. ¿Eres muy responsable, pero a la vez te gusta tenerlo todo bajo control?, ¿perder el control te inquieta?		
27. ¿Te cuesta mostrar tu afecto hacia los demás y expresar tus emociones?		
28. ¿Tus estados de ánimo son como una montaña rusa?, por ejemplo, ¿pasas fácilmente de estar muy feliz a estar triste o viceversa?		
29. ¿Prefieres aguantar maltrato emocional o físico con tal de no quedarte sola?		
30. ¿Lloras con facilidad y de una forma extraña te satisface que sientan pena o lástima por ti?		
31. ¿Dramatizas en exceso cualquier situación?		

Capítulo 3

ESO QUE NO QUEREMOS VER DE NOSOTROS

Nuestras sombras

Tu visión devendrá más clara solamente cuando mires dentro de tu corazón… Aquel que mira afuera, sueña. Quien mira en su interior, despierta.

Carl Jung

No podía dejar de hablar sobre las sombras, ya que están muy relacionadas con las heridas emocionales de la infancia. Después de todo, nuestras sombras se desarrollan durante la infancia y, por supuesto, entender lo que son y cómo trabajar con ellas es un paso importante hacia tomar real conciencia de nuestro ser.

Somos criaturas llenas de luz y amor que vinimos a este mundo como lienzos en blanco, sin memoria. Nuestra principal misión es volver a encontrarnos, volver a conectar con nuestra alma, con nuestro ser. Nuestra mente es tan compleja que hasta el día de hoy se sigue estudiando y tratando de descifrar sin éxito; y a la vez es tan perfecta, precisamente porque encierra una magia que nos hace seres únicos en este universo.

Imagina un océano tranquilo: todos sabemos lo inmenso, grandioso e interminable que es, puedes disfrutar sus colores, el sonido tranquilizador de las olas, los olores que trae la brisa, e incluso la sensación de paz y tranquilidad que viene a tu mente con el solo hecho de imaginar un mar en calma. Ahora, este mismo hermoso mar en calma también es indescifrable y esconde muchos misterios y tesoros en sus profundidades. Hablando ahora del cerebro, y al igual que el cerebro, a pesar de ser estudiado frecuentemente, aún no se conoce nada en comparación con lo que desconocemos. Vamos a imaginar un poco más: imagina este mismo mar ahora agitado, turbulento, con toda esa fuerza de indescriptible energía en sus olas; este mismo mar, que en un momento nos llenó de paz y tranquilidad, puede ahora ser el causante de un torbellino de emociones como el miedo, la angustia y la desesperación; si esto es lo que causa en su superficie, imagina ahora las profundidades de este mar agitado, allí está lo desconocido, oscuro, infinito, interminable e indescifrable. Hay muchas sombras que se forman en esta profundidad y que cubren los tesoros de este infinito mar. Lo mismo sucede con nuestra conciencia, que queda olvidada; entonces en nuestra mente creamos nuestras sombras para sobrevivir, y además nos desarrollamos bajo las sombras de otros, las creencias de otros, las heridas de otros. Todos los hermosos tesoros que cada uno de nosotros tiene, que son regalos de amor, nuestros dones, que fueron entregados para ser desarrollados en esta vida, regalos divinos que son parte de quienes de verdad somos, nuestra conciencia se duerme y nuestros dones quedan atrapados en nuestra mente inconsciente, que es como un océano con luz, sombra, paz y turbulencia.

Desde el mismo momento de la concepción y en nuestro desarrollo en el vientre, empezamos a recibir información de todo tipo. Desde el vientre de mamá ya empezamos a experimentar olores, sabores, sensaciones y emociones; estos son transmitidos a nosotros a través de nuestra madre, y desde ese momento ya queda establecida la gran conexión.

Es desde ahí que se crea el «quiénes seremos». Sí, «quiénes seremos», entre comillas, porque es ahí donde empezamos a ser condicionados, sometidos a la influencia de lo externo. A medida que vamos creciendo y al estar en contacto con nuestros padres o cuidadores principales, maestros y compañeros de escuela, amigos, etc., vamos adaptándonos a lo que vemos a través de los ojos de estos como aceptable en términos de nuestro cuerpo, nuestros pensamientos, nuestras emociones y nuestros comportamientos.

Para decirlo de manera más sencilla, crecemos tan influenciados por el exterior que no somos quienes creemos que somos, la conciencia de nuestro verdadero ser se empieza a adormilar hasta quedarse totalmente dormida, tanto que la olvidamos y posteriormente ni nos daremos cuenta de ello. La vida es un misterio lleno de cosas maravillosas por descubrir; en el mundo exterior existe de todo un poco, tanto alegría como tristeza, soledad, como momentos de compañía y solidaridad, tiempos para reír y tiempos para callar y aprender en silencio.

Desde que tengo uso de razón me cuestioné sobre muchos temas como la religión; pensé mucho sobre qué hay más allá de esta vida, sobre nuestras existencias, y tenía esa sensación de que la vida es mucho más que lo que parece. Me decía a mí misma: «no puede ser que todo se resuma en lo que nos enseñan en biología; nace, crece, se reproduce y muere». ¿Es eso y listo?, ¿ahí termina todo?, ¿como una obra de teatro que empieza y termina y eso es todo? ¿No te parece que nuestro creador sin duda tenía un plan más grande para nosotros?

Siempre sentí en mi corazón que existe un propósito divino para cada uno de nosotros, parte de nuestro camino es encontrar ese propósito que nos llevará a vivir más plenamente; sin embargo, antes de lograrlo se nos presentarán obstáculos que debemos atravesar y aprender a través de ellos, saltarlos no nos ayudará aunque creamos que somos más astutos al hacerlo; la vida nos volverá a poner en situaciones en las que debemos lidiar con ello, con diferentes rostros, con diferentes entornos, pero trayendo el mismo aprendizaje, entonces vamos por la vida diciendo: ¿por qué estas cosas siempre me pasan a mí? Simplemente no nos detenemos a analizar nada. Vamos a hablar más sobre eso. Por ahora nos concentraremos en nuestras sombras.

En 1945, Carl Jung dio una definición más directa y clara de la sombra: *la cosa que una persona no desea ser.*

A medida que vamos creciendo sentimos la necesidad de pertenecer, de ser escuchados, de ser amados, y es que fuimos creados para ser todo eso, pertenecer, ser escuchados y ser amados; sin embargo, como parte de este misterio que es la vida, muchas veces el ambiente externo no es el adecuado para cubrir nuestras necesidades y es entonces cuando nuestra conciencia empieza a dormirse, y nuestras sombras y nuestro ego empiezan a crearse.

¿Has estado alguna vez en una fiesta de disfraces donde nadie es lo que parece, donde las personas están escondidas detrás de vestimentas y/o máscaras para cubrir sus cuerpos y rostros? La intención es no ser reconocidos; fingir que eres otro puede ser tan divertido por una noche, ¿verdad? No lo es cuando vivimos nuestras vidas enteras cubiertos por máscaras que ni nosotros mismos sabemos que cargamos.

Entonces tratamos de «encajar»; este tratar de encajar en el sistema que nos rodea nos lleva a crear máscaras, y estas máscaras son creadas como un mecanismo de supervivencia, de autoprotección. Nada de qué sentirnos avergonzados, ya que no lo hacemos de manera consciente; después de todo, nuestra mente está cumpliendo su primer misión, que es «mantenernos a salvo», aunque esto signifique crear diferentes personajes que «nos hagan más fácil y llevaderos los problemas de la vida de manera muy temporal», y digo de manera «muy temporal» porque nadie logrará ser verdaderamente feliz hasta que no sea auténtico, y solo es auténtico aquel que ha reconectado con su ser, lo que, dicho sea de paso, no es tarea fácil. No vinimos a esta vida a cumplir los sueños de nadie, a cumplir los deseos de lo que alguien más quiere, a ser la extensión de otro externo a nosotros o a completar a otro, y eso es simplemente algo difícil de entender cuando aún vivimos desconectados de la realidad y conectados a las máscaras creadas para sobrevivir. La pregunta aquí es: ¿dónde va todo aquello que dejamos de lado para encajar? ¿No crees que podrías haber desplazado gran parte de tu potencial por ser como los demás querían que fueras?

El inconsciente no es algo malo por naturaleza, es también la fuente de bienestar. No solo oscuridad sino también luz, no solo bestial y demoníaca, sino también espiritual y divina.

Carl Jung.

Todo eso que no queremos ver se va a nuestro inconsciente, no desaparece porque tú no quieras verlo, y ahí se esconden la luz y las sombras. Es importante aclarar que, si bien el término «sombras» denota negatividad, no solo guardamos en nuestras sombras lo negativo, también guardamos tesoros que no pudimos descubrir porque fueron cubiertos por lo que nuestra mente consciente entiende como más seguro. Sin embargo, al enviar a nuestro inconsciente gran parte de lo que somos, nuestra mente consciente crea estas máscaras, que son los rostros falsos que mostramos ante la sociedad. ¿Te ha pasado que muchas veces tienes reacciones muy fuertes ante un comentario o acción de otra persona y que después de un tiempo piensas, analizas y ves que tuviste una reacción fuera de lugar? Bueno, esa otra persona tocó una de tus sombras, una parte de ti que no quieres que nadie vea, que te causa rechazo y dolor en forma de algún tipo de emoción que puede ir desde el miedo, el enojo, la ira, etc.

> *Todo lo que te molesta de otros seres es solo una proyección de lo que no has resuelto en ti mismo.*
>
> Siddhartha Gautama Buda

Las sombras también se pueden reconocer cuando ciertos comportamientos de otros nos provocan determinadas emociones, ya sean positivas o negativas, es decir, cosas del otro que me causan emociones de alta vibración (emociones de alegría, felicidad, etc.) o emociones de baja vibración (enojo, ira, rencor, celos, envidia, etc.). Lo que pasa en este caso es una proyección. ¿Te imaginas si un día todo lo que te irrita, te molesta o te incomoda de otros dejaría de causarte esa emoción de baja vibración? Tu vida cambiaría porque serías tú quien la dirige y no tus sombras.

Vamos a darte un ejemplo. Patricia es una mujer de 35 años, de muy buen porte, abogada y exitosa. Todos sus colegas piensan que ella es una mujer feliz porque nunca la ven triste; después de todo, ¿qué podría causarle tristeza? Lo tiene todo, ¿verdad? Lo que nadie sabe es que Patricia, cuando era una niña muy pequeña, amaba bailar, no podía dejar pasar una canción sin bailarla y sus padres creyeron que era muy bonita bailando hasta sus tres años, edad en la que empezaron a decirle que bailar no era importante, que no era divertido y fueron limitando su naturaleza inclinada hacia el baile. El padre de Patricia, que también es un abogado importante, siempre soñó con que su hija le siguiera los pasos, y por supuesto una bailarina no encajaba en sus planes. Su madre, que fue un ama de casa, no sentía que tenía el derecho de ir en contra de la voluntad de su esposo, por lo cual también se mostraba ferviente en sus actitudes de rechazo hacia el baile que apasionaba a Patricia. Los padres de Patricia no permitieron que ella participara en bailes de la escuela, y en lugar de ello criticaban a todos los niños que bailaban con el fin de desanimar a Patricia hacia ese don innato. A raíz de esa creencia insertada en su propio hogar, Patricia mandó sus habilidades innatas de baile a su subconsciente como una sombra. Hoy en día, si bien Patricia parece ser feliz, no acepta la idea de que nadie pueda considerar el baile como una profesión y desprecia a las personas que lo hacen de manera profesional. Cada vez que ve panfletos de bailarines o que alguien habla sobre el baile como una profesión, ella empieza a sentir enojo, ira y desprecio, que evita mostrar, ya que lleva la máscara de la felicidad, y estar enojado tampoco era aceptable por su familia. Ahora dime tú, ¿consideras que Patricia es realmente feliz? ¿Está ella siendo honesta, fiel y leal a sí misma? La verdad es que es posible que Patricia ni siquiera recuerde que sus padres le decían todas esas cosas negativas sobre el baile y mucho menos recordar que ella amaba el baile; sin embargo, el mensaje fue enviado a su subconsciente y ella solo reacciona ante estímulos externos sin saber la causa real de su reacción.

Lo que niegas te somete, lo que aceptas te transforma.

Carl Jung

La sombra puede provenir de las creencias con las que crecimos (es decir, de la familia), de la cultura y nuestro entorno, o de ambos; en cualquiera de los casos, el problema se revela en nuestra vida cuando nuestras sombras no se reconocen y se reprimen. Para ser aún más claros, nuestras sombras son parte de quienes somos y no estaremos completos hasta no integrarlas; no podremos llegar a ser quienes venimos a ser si no somos seres completamente integrados.

La integración de la sombra puede ser un proceso difícil y doloroso, ya que implica reconocer y aceptar sentimientos que pueden ser incómodos y difíciles de enfrentar. Sin embargo, la aceptación de nuestras sombras puede conducir a una mayor comprensión de uno mismo como un todo, a una mayor integración de las partes de nuestra psique; en definitiva, a una transformación. Al aceptar y reconocer nuestras sombras, podemos tomar decisiones más conscientes y vivir una vida más auténtica y satisfactoria.

Invita a tu inconsciente a tomar una taza de café

Un paso a la vez, puedes iniciar por aprender a reconocer tus sombras. Mi consejo es que prestes más atención a tus reacciones ante las personas y ante sucesos diarios de la vida. Cada vez que notes que tienes reacciones que no corresponden a la realidad de lo sucedido, ahí encontrarás algunas de tus sombras. Siéntate y nota lo que sientes cuando recuerdas lo ocurrido. ¿Recuerdas lo que sentiste cuando sucedió? ¿Fue ira, rabia, enojo, celos, envidia? ¿Qué sentiste?

Espera, quizá te pase como me pasó a mí, al principio no me daba cuenta inmediatamente, entonces decidí empezar a hacer una revisión diaria de mi día. Más adelante, en el proceso de sanar, encontrarás mas detalles sobre esta técnica bajo la denominación de *revisión diaria*; no lo detallo ahora mismo, ya que esta contiene más aplicaciones que solo el detectar las sombras.

Una vez que logras sentir la presencia de tu sombra, no la rechaces tan rápidamente; invítala, conversa con ella. Pregúntale: «¿por qué reaccionaste de esa forma? ¿Qué sentiste cuando eso pasó? Sé que estás ahí, te escucho». El solo hecho de reconocer que lo que te provocó la reacción es una de tus sombras, generará en primera instancia responsabilidad propia y una luz que es el inicio de un cambio interno personal. Recuerda que esa sombra quizá fue algo hermoso que fue enviado al subconsciente y que es parte de ti.

Es nuestra responsabilidad aceptar nuestras sombras, es un trabajo personal que nadie puede hacer por nosotros. Debemos indicar que el trabajo con nuestra sombra es también un trabajo largo, difícil y personal, como ya aclaramos. No importa si vas al psicólogo, a un terapeuta o a ver a un *coach*, nadie podrá hacer nada por ti si tú no estás decidida a trabajar en ti misma, todo empieza con tu decisión.

Capítulo 4

¿CUÁL ES LA REALIDAD?

El ego y la percepción

Es de vital importancia que hablemos sobre el ego y la percepción. Seguramente son términos conocidos para muchos, pero por respeto hacia las personas que los escuchan por primera vez o que no conocen sus significados, voy a darles mi definición de *ego*. Obviamente teniendo como soporte a psicólogos y filósofos importantes en la historia, como Carl Jung y Sigmund Freud.

El ego

Ego es un término técnico que tiene su origen del latín, que significa «yo». Según la definición de Carl Gustav Jung, el ego constituye el centro del campo de la conciencia; y, en la medida en que este abarca la personalidad empírica, el ego es el sujeto de todo acto personal realizado por la conciencia.

Primero que nada, debemos reconocer que el ego es parte de nosotros, es un personaje creado por nosotros mismos; a la vez, tenemos la tendencia a creer que el ego es quienes somos. Básicamente, es la personalidad que nosotros vamos creando durante nuestro desarrollo como seres humanos, es la personalidad creada por nosotros mismos de acuerdo con nuestras percepciones, es la versión de nosotros que quiere encajar en el sistema, la versión que quiere ser aceptada por el otro.

Podríamos comparar al ego con ese amigo que cree que siempre tiene la razón y que quiere que siempre hagas lo que te dice; sin embargo, ha estado tanto tiempo con nosotros que no nos damos cuenta y creemos que somos nuestro ego; es ahí cuando el ego se vuelve negativo, ya que nos envuelve de tal manera que olvidamos nuestra verdadera esencia, nuestra luz y energía interna y solo le damos valor a nuestra percepción de la realidad.

El ego es egocentrista, cree que todo gira en torno a él; entonces el ego nos lleva a creer que todo lo malo que nos sucede es siempre culpa de los demás y que son ellos los que deberían cambiar. Por ejemplo, tienes un jefe que no te gusta, entonces seguramente despertarás en la mañana pensando: «ojalá que hoy mi jefe no sea tan incomprensible, tonto, egocentrista, gritón, testarudo…». El ego siempre encuentra la forma de hacer que veamos todo lo malo que hacen los demás y que nosotros no hacemos de la misma forma. El ego nos hace creer que la única persona que tiene la razón y hace lo correcto somos nosotros mismos y le creemos todo, porque no vemos una separación entre el ego y el yo real.

El ego está muy alineado con las heridas de la infancia, de las que hablaremos más adelante; él mismo fue moldeado en buena parte debido a estas heridas; y no lo veamos como «el malo de la película», porque fue creado para que logremos sobrevivir ante todo lo que nos sucedió en la infancia, adolescencia y aun en nuestro día a día, e incluso desde mucho antes de nacer. Para decirlo de manera más sencilla, el ego fue creado para sobrevivir, y es, como dijo Carl Jung, «el centro de la conciencia». Entonces no es el malo de la película; sin embargo, con el paso del tiempo, dejamos que se apodere de nosotros. Este ego que creamos estableció una idea imaginaria basada en todo lo que sucedía a nuestro alrededor y se fundió con nosotros, tanto que no lo vemos, y creemos que este ego es todo lo que somos. Es de vital importancia entender que no estoy planteando que debemos eliminar al ego, como lo leí en muchos libros y como muchas personas lo plantean; lo que debemos hacer es integrarlo. ¿Integrarlo?, ¿te suena raro, desafiante o incluso imposible? ¿Te gusta más la idea de eliminar al enemigo? Si alguna de estas fue tu respuesta, déjame decirte que, aunque respeto tu opinión, tengo el derecho de pensar diferente. En mi humilde parecer, sí, debemos integrar a nuestro ego. ¿Vas a culparlo ahora de todo lo malo que te pasa, sabiendo que fuiste tú misma quien lo creó? ¿Vas a culparlo por todo y eliminarlo sabiendo que en un momento de tu vida fue lo que te permitió sobrevivir? Primero, aclaremos que no existe un enemigo real; y si lo hay, eres tú misma cuando quieres negarte el privilegio y derecho de sanar, al no ver y aceptar que no es tu verdadero «yo» quien dirige tu vida, cuando es tu ego el que ha cobrado todo el protagonismo, al no tomarte el tiempo y la paciencia que requiere integrarlo y al tratar de ocultar tus sombras.

Cuando negamos la existencia del ego o creemos no tenerlo, es cuando nuestra esencia se cubre más por este, y es entonces cuando empezamos a actuar y reaccionar desde nuestro ego; en este momento es cuando estamos siendo manejados cual marionetas por nuestro ego. No te preocupes, no todo está perdido y la solución es integrarlo. Esto viene desde la aceptación como paso inicial y como todo lo más importante en esta vida, requiere de trabajo continuo, compromiso contigo misma y valentía para enfrentar tu propia oscuridad y reconocer que tú no eres lo que crees ser.

La percepción

La definición de percepción es la manera de percibir, entender o interpretar algo; una impresión mental." En otras palabras, es un proceso que sucede en tu mente.

Ahora bien, si te pregunto ¿cuál es la realidad?, ¿es lo que ves con tus cinco sentidos?

Quiero que mires las figuras a continuación y me digas quién tiene la razón o, mejor aún, cuál es la realidad en las siguientes imágenes:

¿Quién tiene la razón?, ¿quién está viendo la realidad? Si tu respuesta es que ambos tienen la razón y depende de desde dónde veas las cosas, estás en lo correcto. Quiero, con estos sencillos ejemplos, hacerte más consciente de que cada persona ve la realidad desde su propia perspectiva o mejor dicho, desde su propia percepción.

Nuestra percepción influye en cómo vemos todos los acontecimientos en nuestra vida y nunca es exactamente la misma de una persona a otra. Un ejemplo muy sencillo se da cuando querías ir a ver una obra de teatro o al cine a ver una película y no pudiste asistir; sin embargo, tus amigas, Michelle y Andrea, asistieron; entonces les preguntas si les gustó y cómo estaba la obra o la película. Michelle te dice «me gustó mucho, la puesta en escena y los actores estaban de lujo y siento mucho que no hayas podido asistir». Por otro lado, cuando le preguntas a Andrea, ella te dice que fue muy aburrida y que no valía la pena ver la obra o la película, que no me perdí de nada. ¿Fueron a la misma obra de teatro o la misma película? Así es, pero cada una de ellas habló desde su propia percepción y he ahí la diferencia.

La primera vez que escuché y entendí el tema de la percepción muchas piezas en mi interior hicieron clic y fue maravilloso entenderlo. Espero de verdad que a ti te ayude como a mí, principalmente, a ver por qué en diferentes situaciones tu opinión difiere totalmente de la de otra persona, aprender a ver al otro como «otro» y respetar su individualidad. Tenemos la tendencia a creer que nosotros siempre somos los que tenemos la razón. Te doy una pista, es justo ahí donde está tu ego en plena acción.

El ego es una creación humana que actúa, que solo se fía del pasado y de las creencias que te impiden ser tú misma. Le encanta encontrar defectos en los demás y siempre se justifica.

Si aprendemos a reconocer que cada uno de nosotros ve esta vida desde su propia percepción, sin tratar de forzar a los demás a creer que nuestra percepción, que nuestra forma de ver la vida es la única válida, sin pretender que la opinión de los demás no tenga ningún valor sobre la nuestra, es ahí donde podremos empezar a decir que llevaremos una vida más apegada al amor y la empatía hacia los seres humanos, y sobre todo a vernos como tal. Les pido que no olvidemos que todo lo que acontece de manera externa y nos afecta, es simplemente una proyección de nosotros mismos y vale la pena analizarlo, darle un lugar y momento para entender por qué sucedió. ¿Hay algún aprendizaje para el cual debo pasar por esta difícil situación? ¿Por qué se repite una y otra vez la misma situación con diferentes actores? ¿No crees que vale la pena escuchar todo eso? Desde hace poco tiempo empecé a dejar de creer en las coincidencias y me inclino a pensar en que todo llega a nuestras vidas por una razón; incluso eso que más te hizo sufrir trae una lección. Muchas de estas lecciones vienen a nuestras vidas envueltas en un papel celofán, donde el verdadero regalo está adentro y no lo encontrarás hasta que lo abras. Entonces, basado en lo dicho anteriormente, no se me hace difícil creer que nuestras creencias limitantes, el entorno que nos moldea, nuestras heridas de la infancia, etc., son solo lecciones por las cuales debemos pasar para descubrir nuestra verdadera esencia.

Ahora ya con un poco de autoanálisis acerca de tu estado actual, con los conceptos más claros sobre lo que son nuestras sombras, el ego y la percepción, podemos entrar a ver con mayor detalle las heridas emocionales de la infancia. Te invito a continuar este viaje de amor propio y autoconocimiento, te invito a trabajar en ti misma ya que es la única forma de sanar y vernos como la luz de la que venimos, te invito a proseguir con el capítulo siguiente, no sin antes valorar tu fortaleza de llegar hasta aquí y darte las gracias por continuar. Ahora vamos al siguiente capítulo, yo te acompaño.

Capítulo 5

LAS HERIDAS INVISIBLES QUE MÁS DUELEN

Las heridas de la infancia

Todos tenemos la misma misión al llegar a este planeta: vivir las experiencias una y otra vez, hasta que podamos aceptarlas y amarnos a través de ellas. Cuando en una experiencia existe la no aceptación, es decir, juicios, culpabilidad, temor, lamento u otra forma de no aceptación, el humano se convierte en un poderoso imán, que atrae sin cesar las circunstancias y personas que le hacen revivir esa misma experiencia.

Lise Bourbeau

El concepto de una herida como lesión física es muy conocido para todos. ¿Qué son las heridas según la OMS? Herida es una pérdida de continuidad de la piel o mucosa producida por algún agente físico o químico. Producida una herida, acontece un conjunto de procesos biológicos que utiliza el organismo para recuperar su integridad y arquitectura, que se conocen como proceso de cicatrización.

Las heridas de las que vamos a hablar en este libro están relacionadas con acontecimientos que generan pérdida de continuidad en el desarrollo de nuestras almas, que producen dolor y sufrimiento. Estas heridas rompen la unidad y la continuidad, son producidas por agentes externos (personas) y por cómo nosotros nos sentimos frente a determinados eventos o actitudes de nuestro entorno. La infancia es un periodo crucial para el desarrollo de nuestra vida como seres humanos, ya que es el periodo en el cual se establecen las bases para el desarrollo de nuestra personalidad. El cerebro de los niños desde su nacimiento y aproximadamente hasta los siete años trabaja en una frecuencia de ondas más baja que el cerebro de un adulto, que van desde alfa a teta. Para que tengas una idea, la fase teta es una fase de hipnosis, es una frecuencia totalmente sugestionable, por lo que todas las experiencias, aprendizajes y creencias que se viven en esta etapa pasan sin ningún filtro hasta el inconsciente del niño y este va a creer que esa es y será su realidad.

Si ves a una persona caminando por la calle, una amiga, una hermana/o, etc., y no tiene una herida física, ¿tú podrías decir que está sufriendo con solo verla? Difícil, ¿verdad?, porque las heridas de la infancia son invisibles y puedo decirte de primera mano que son las más dolorosas, mayormente se dan durante nuestra niñez temprana, que es cuando nuestras mentes están más abiertas al aprendizaje.

En el capítulo 2, «Tu estado presente», pudimos ver nuestro estado presente sin haber sido influidos por el conocimiento previo de cada herida y sus características; eso nos permite tener una evaluación más limpia, sin interferencia de nuestra mente consciente y análisis previo.

Ahora lo que vamos a buscar en este capítulo es la comprensión del origen de cada herida, tomando en cuenta que el origen puede provenir de un suceso real o de una forma de percepción nuestra. El resultado es el mismo, una herida profunda; sin embargo, el comprender su origen nos ayudará de una manera muy importante a alcanzar un grado de aceptación y perdón hacia los demás y hacia nosotros mismos.

Cada uno de nosotros puede tener una o más heridas. Con base en mi conocimiento, puedo decir que no hay nadie que no tenga al menos una de estas heridas, en mayor o menor grado.

Cada herida tiene características diferentes y no tienes que poseer todas ellas para tenerla. Es vital que reconozcas que, como resultado y como una forma de sobrevivir, desarrollamos máscaras que nos permitieron sobrevivir, pero que a la vez nos alejan cada día más de reencontramos con nuestro verdadero ser.

Esa niña que fue lastimada y se generó una herida aún vive contigo, vive dentro de ti y cada vez que alguien toca la herida, mediante una acción, palabra o suceso externo, esa niña que vive dentro de ti sale haciendo lo que llamaríamos un berrinche, porque necesita ser escuchada, porque está reclamando lo que no tuvo, lo que le fue negado, ya sea que haya sucedido así realmente o que bajo su percepción haya sido así; no importa cómo, la herida fue causada y sangra cada vez que es tocada.

Imagina un volcán en calma (no apagado); está tranquilo aparentemente, pero cada vez que alguien le lanza una roca explota sin control, sin medida y sin tiempo de detenerlo, es así exactamente como sucede con nosotros cuando tenemos a nuestra niña herida, lastimada y sin atención, ella reacciona ante los estímulos externos y lo hace sin medida, sin control y sin tiempo de analizar y detener esas reacciones. Después de todo, mientras no las sanemos, estas heridas están siempre presentes en nuestro inconsciente, y ante estímulos externos nos provocan reacciones inesperadas; y así vamos por la vida haciendo muchas cosas de manera automática, teniendo reacciones emocionales repetitivas e inconscientes que no entendemos de dónde vienen, o peor aún, estamos tan acostumbrados a ellas que creemos que somos «eso». Es muy común escuchar decir:

«es que yo soy muy renegona», «soy impaciente», «soy muy rígido», «soy mandona», «soy perfeccionista», etc. Y la lista podría seguir de manera interminable… Muchos hasta se sienten orgullosos de «ser de determinada manera». El otro día escuché a una mamá diciendo «mis hijos son excelentes porque yo he sido muy estricta y dura con ellos, amiga de ellos jamás, gracias a mí son lo que son, qué habría sido de ellos si yo les hubiera dedicado más tiempo para jugar o ser amiga, hubiera perdido todo el respeto y estarían perdidos». ¿Qué opinas de eso? Personalmente y con el respeto que se merecen todas las mamás que hicieron y dieron lo mejor que pudieron, con las herramientas que tenían, desde mi punto de vista sí, es verdad de que esos hijos quizá lograron sacar una carrera profesional o quizá tienen un ingreso que les permite vivir y están aparentemente bien; sin embargo, y lo digo porque conozco muchos casos así, estas personas que no establecieron una conexión con sus progenitores en sus primeros años ahora sin duda tienen dificultades en diferentes áreas de su vida, que pueden ir desde problemas para establecer relaciones saludables hasta encontrarse perdidos en el mundo, es decir, no encontrarle sentido a sus vidas fuera de trabajar, comer y dormir, y así a diario hasta terminar sus días.

La verdad es que al final del día, cuando cerramos los ojos, cuando nos despojamos de nuestras sombras, nuestros egos y nuestras propias percepciones, somos mucho más que eso, somos luz, amor, energía pura de alta vibración, somos la más valiosa creación de Dios, pero hasta que no sanemos y trabajemos en nuestro propio desarrollo espiritual personal no podremos ver que hemos vivido dormidos.

Debo decirte que gran parte de mi finalidad, y lo que me daría profunda felicidad, es que tú despiertes, y que cuando lo hagas descubras lo maravillosa que eres, que descubras el alma hermosa que habita en ti y que descubras la verdadera razón por la que estás hoy en esta vida. Las heridas de nuestra infancia ya sucedieron, ya están con nosotros, no importa tanto quién las causó, lo importante es que ahora, como adultos, tomemos la responsabilidad de sanar, la responsabilidad de amarnos a nosotros mismos para poder luego dar ese amor a todos los que nos rodean.

La herida del abandono

Esta es sin duda alguna una de las heridas emocionales más profundas y dolorosas que una persona puede experimentar. Se produce cuando de niños fuimos o tuvimos la sensación de haber sido abandonados por alguien importante en nuestra vida, como por uno o ambos padres o cuidadores principales.

Existen muchas formas de hacer sentir a un niño que es abandonado, desde un abandono real en el que evidentemente el padre, la madre o ambos lo dejaron por cualquier motivo como la separación, el divorcio, hijos no deseados que luego son abandonados, la falta de recursos que hace que muchos progenitores abandonen a sus hijos, o inclusive lo que está totalmente fuera de control como es dejar este plano, es decir, la muerte; también puede darse el abandono porque los padres están demasiado ocupados o distraídos por el diario vivir, por los trabajos, por el quehacer, la tecnología, por estar pendiente y viviendo la vida de otros, sumergidos en las redes sociales, o porque simplemente el padre o la madre es incapaz de crear y establecer una conexión con el hijo, etc. Muchas veces el abandono también puede tener lugar cuando, desde la percepción de ese niño, ha sido ignorado en la infancia, lo que puede hacer que un niño se sienta invisible o sin importancia. Espera, no estoy tratando de decir que debes pasar cada minuto del día jugando y haciendo todo lo que tu hijo quiera, lo que estoy diciendo es que como padres somos responsables de crear una conexión con nuestros hijos que sea lo suficientemente fuerte, que ellos puedan desenvolverse en el mundo siendo independientes y a la vez saber y sentir que son seres humanos valiosos, ya que como padres se lo demostramos así.

Es muy posible que de adultos no podamos identificar una herida de abandono, excepto en casos de abandono muy evidentes, por lo cual muchas personas calificarán su niñez como feliz; sin embargo, si indagamos más, podremos descubrir el motivo de muchas de nuestras limitaciones actuales y su relación con la percepción de abandono en la niñez.

Cómo reconocer la herida del abandono en la edad adulta

Las personas que sufrieron una herida de abandono tienden a ser muy dependientes, es decir, usan la máscara de la dependencia.

Los dependientes llegan a creer que nunca podrán valerse por sí mismos y que tener apoyo de alguien es vital para sobrevivir, por lo cual pueden aceptar relaciones donde son maltratados física o verbalmente y siempre lo justificarán, ya que no toleran la idea de vivir solos o peor aún, de volver a sentirse abandonados. Muchas veces juegan el papel de víctimas con la idea de que el otro siempre les preste atención, pero nada logra llenar sus vacíos, ya que provienen de heridas más profundas. Otro extremo que también se da en personas con esta herida, aunque en menos porcentaje, es el volverse hiperindependientes, ya que de esta manera sienten que no necesitan crear relaciones afectivas fuertes y así creen que evitarán ser abandonados; sin embargo, aunque sean exitosos independientemente, sienten un vacío interior, es una independencia falsa y no saludable, es un escape temporal que tarde o temprano terminará.

Tienen dificultad para decidir y hacer cosas por sí mismos, por el miedo a equivocarse y ser abandonados; las personas con esta herida lloran con facilidad, pueden minimizar la importancia de los demás en sus vidas, incluso pueden terminar relaciones de manera anticipada por miedo a que la otra persona los deje. Tienen tendencia a dejar proyectos sin terminar, trabajos, y por supuesto, como ya lo dijimos, relaciones.

Todas las heridas causan un movimiento en nuestras emociones, unas más fuertes que otras. Una de las emociones que más sienten las personas con esta herida es la tristeza, es una tristeza que muchas veces los invade con o sin razón aparente; en su afán por disminuir esa tristeza suelen buscar compañía, desean con fervor contar con la presencia y apoyo de otra persona; sin embargo, o aceptan todo en la relación, es decir una relación sin límites saludables establecidos donde el otro puede hacer y decir cosas hirientes, que van desde no respetar la intimidad del otro, lastimarlo verbal y/o físicamente, hasta ignorarlo por completo, dejando a la persona nuevamente bajo la idea de que no vale nada y por su miedo a ser abandonado nuevamente lo acepta todo; o por el contrario, apenas la relación se empieza a poner seria él es quien abandona buscando evitar así ser abandonado.

La herida del abandono es una de las más profundas, ya que la necesidad de contar con el otro es muy grande, la necesidad de eliminar la soledad es interminable. También se puede dar que con sus parejas pueden exigir más de lo que dan, les gusta ser consentidos y tener sus momentos a solas, pero si su pareja también los pide, sienten que están abusando de ellos.

Imagina la mente de un niño, cuando él necesitaba a mamá o papá y ellos no estaban para cubrir sus necesidades de afecto, presencia y seguridad; este niño pudo sentir que el mundo era un lugar terrible para vivir, que nunca estaría seguro, que no había nadie porque él no valía lo suficiente para cubrir sus mínimos requerimientos de supervivencia; recuerda, la mente de un niño no tiene filtros, entonces muchas veces situaciones que nosotros como adultos consideramos que no causarían esta herida en nuestro hijo, pueden causarla. Nuevamente voy a repetir la importancia que existe en construir una relación y conexión estable con tu hijo desde sus primeros meses de vida y esa conexión puede cambiar la forma en que tu hijo vea el mundo ante situaciones externas.

Te doy un ejemplo a continuación: como todos los días, llevaste a tu niño de tres años a la guardería, casualmente hoy tu día de mamá o papá no fluyó con tanta facilidad como otros días y llegaste 30 minutos tarde a buscar a tu hijo. Para nosotros como adultos puede no significar gran cosa, pero para un niño pequeño, que no tiene una conexión de seguridad creada con sus padres, puede significar algo totalmente diferente. Mientras tú conducías tu vehículo con rumbo hacia la guardería, tu niño lloraba desconsoladamente y un torbellino de emociones lo cubría, su pequeña mente pensaba que mamá o papá no volverían, que él había sido abandonado, imagínate esa sensación en un niño de esa edad, cuán difícil puede ser. Desde la percepción del niño, él fue abandonado. Está bien, tú me dirás que no hay problema, porque llegaste y lo abrazaste y le dijiste que todo estaba bien y el incidente aparentemente terminó ahí… Lamentablemente no fue así. Si bien tu niño se calmó y todo volvió a la normalidad, un recuerdo de dolor de sentirse abandonado ahora caminó y se alojó en su inconsciente, y ahí estará viviendo con él y reflejándose como reacciones ante acontecimientos de la vida, todo de manera inconsciente. Es importante también que entiendas que hay situaciones que pueden escapar de nuestras manos y que podrían causar heridas de la infancia. No estamos tratando de culpabilizar a nadie, estamos trabajando en entender con la mirada en sanar y vivir más plenamente.

Por supuesto, casos evidentes de abandono generarán heridas más profundas. Exactamente, las heridas pueden tener profundidades diferentes y dependerá de cuán severa y profunda fue para que la persona, ya en su edad adulta, actúe y posea más características de las personas con esta herida; de la misma forma, mientras más profunda la herida, mayor trabajo personal va a requerirse para sanar tu alma.

Cuando la huella del abandono está presente las personas requieren llenar un vacío interno con relaciones externas, sin darse cuenta de que solo se puede llenar desde su interior. Por ejemplo, no importa cuantas veces su pareja les diga que las quiere, nunca será suficiente. Están en una búsqueda constante de confirmación de amor del otro, pero sin importar cuantas muestras de amor o repeticiones de 'te quiero' reciban, nunca será suficiente. Otra característica es el vivir de manera ansiosa deseando saber cada paso que da su pareja, son esas personas que llaman veinte veces, aunque no les contesten y que luego buscan como excusa la preocupación, etc.

¿Te identificas de alguna manera con lo descrito arriba? Revisa tus respuestas del capítulo 3. Si respondiste sí a las preguntas 3, 7, 29, 30 y 31, entonces tienes esta herida.

Aquí te planteo otro ejemplo:

Luisa tiene 35 años, es una mujer inteligente, profesional, soltera y que aún vive con sus padres. Luisa tiene problemas para tener relaciones estables y de largo plazo, ya que empieza una relación y deja de ser la mujer independiente que es laboralmente, mostrándose siempre como necesitada de la atención de su pareja; si su pareja no le llama constantemente, Luisa siente miedo y ansiedad; si su pareja está muy ocupada y no está todo el tiempo posible con ella, ella vuelve a experimentar miedo, angustia y ansiedad, por lo que constantemente reclama a sus parejas por su falta de atención. Este círculo de exigencia de atención por parte de Luisa se vuelve vicioso, ella siempre lo justificará con frases como, «no le pido mucho, solo una llamada o un par de textos cada día». Luisa podría empezar a llamar o enviar textos exigiendo ser atendida, exigiendo ser vista, tal cual lo haría una niña que no tuvo esa atención. Su mente imagina escenarios por el miedo que siente a la soledad y continúa repitiéndose frases como «no le cuesta nada estar conmigo todos los fines de semana, sacarme a cenar más seguido o buscar la forma de estar conmigo más tiempo», y ese diálogo interno destructivo puede ir aún más allá: «no le importo, por eso no se da tiempo para nuestra relación», «voy a aguantar todo lo que quiera para que no se vaya y se quede conmigo», o «mejor lo dejo, antes de que él me deje». Luisa se autosabotea, ya que no siente seguridad y tiene una gran necesidad «del otro»; esta necesidad puede asfixiar a cualquier pareja que lo único que deseará es terminar con la relación, y así Luisa repetirá eso que tanto teme, ser abandonada.

Como en todas las heridas, es importante señalar que la herida del abandono no es algo que se pueda sanar de la noche a la mañana. Se necesita un proceso de sanación que incluye trabajar en la identificación y el reconocimiento de la herida, explorar y entender cómo se manifiesta en la vida de cada uno, trabajar en la construcción de una autoestima saludable y en la construcción de relaciones más saludables y positivas, primeramente, con nosotros mismos (incluyendo siempre atención especial a tu niña interior) y a la vez se generarán relaciones más saludables con otros. Este proceso puede ser desafiante, pero no imposible; y con la disposición de trabajar en ti misma, se puede superar la herida del abandono y vivir una vida más satisfactoria.

La herida del rechazo

Esta herida también es muy profunda, se aloja en las profundidades de nuestro subconsciente y desde allí puede dirigir nuestras vidas de maneras inesperadas y normalmente muy perjudiciales para nuestro desarrollo como seres humanos en esta vida.

Como su nombre lo dice, esta herida se da cuando el niño se siente rechazado por sus progenitores o cuidadores principales. Debemos recordar nuevamente que en nuestros primeros años de vida somos más vulnerables, ya que toda la información la recibimos sin filtros.

Esta herida puede darse incluso desde el momento de la gestación en el vientre materno, principalmente en los casos de embarazos no deseados o por violaciones; ese pequeño ser en formación ya recibe toda la información del exterior a través de las emociones de su madre. Recuerda, estamos conectados de diferentes maneras, tanto físicas como emocionales e incluso energéticamente.

Muchos especialistas dicen que esta herida se puede reconocer a edad temprana; sin embargo, yo no podría asegurarlo y lanzar un veredicto, salvo en casos muy evidentes de rechazo de los progenitores. Estos especialistas describen a los niños con esta herida como niños a los que no les gusta llamar la atención y prefieren jugar solos. Es importante recordar que no debemos confundir esto con otros diagnósticos médicos; existen mil y una razones por las que un niño podría preferir jugar solo.

Cómo reconocer la herida del rechazo en la edad adulta

La máscara que llevan es la del huidizo, y en algunas situaciones el perfeccionista.

Imagina que tú como adulta tienes una pareja a la que amas profundamente, pero esta persona empieza a rechazarte de diferentes maneras. ¿Cómo te sentirías? Ahora, imagina a una niña pequeña que siente que las únicas personas que deberían aceptarla y amarla sin ninguna condición son quienes precisamente la rechazan. No, de verdad, detente por un minuto e imagina esa situación. Personalmente, de solo imaginarlo me causa tristeza y empatía.

Volviendo a la descripción de las personas con esta herida, tienden a ser solitarios y a huir de las situaciones de la vida cotidiana. No desarrollan un sentido de pertenencia de un grupo y se sienten constantemente excluidos, sus «egos» siempre les harán creer que hay razones válidas para sentir que fueron rechazados por el grupo, aunque no exista evidencia real. Se aíslan con facilidad para evitar afrontar situaciones de rechazo. Sienten que nadie los entiende y muchas veces esto hace que sientan que no valen nada, que su vida no vale nada. Creen que la única forma de ser vistos es haciendo las cosas bien, ponen su valor como personas en hacer las cosas bien y se sienten no valiosos cuando no logran que sus proyectos les salgan como desean, les importa mucho lo que los demás piensen de ellos.

También se da con frecuencia que las personas con esta herida, como otro extremo, sean perfeccionistas, pueden ser muy intelectuales y sentir desapego a lo material. A su vez, otro aspecto a anotar en personas con esta herida es que les cuesta mucho confiar en su propia capacidad de lograr objetivos. Ese constante intento por evitar el rechazo de los demás puede causar muchos problemas, como por ejemplo la dificultad de establecer límites sanos en todo tipo de sus relaciones, ya sean personales, laborales, etc. Sin duda alguna el no establecer límites sanos les puede acarrear mucho sufrimiento.

¿Te identificas de alguna manera con lo descrito arriba? Por favor, revisa tus respuestas del capítulo 2. Si respondiste sí a las preguntas 1, 2, 5, 6, 11, 15, 20 y 23, entonces tienes una alta probabilidad de tener esta herida.

Para poner todo en un mejor contexto, imagina que tienes una herida en tu piel, un corte; si alguien toca ese corte, muy probablemente sientas dolor; ahora lo que duele es la herida, y la persona que la toca probablemente no es quien la causó. Algo similar sucede con las heridas emocionales. Cuando alguien externo a nosotros dice o hace algo que nos hace sentir incómodos, molestos o no escuchados, está tocando nuestra herida y entonces en lugar de dolor físico lo que sentimos son emociones, en diferentes niveles, que pueden ir desde emociones cortas y no intensas a muy intensas y repetitivas; a su vez, estas tienen el potencial de llevarnos a reaccionar de maneras inesperadas y generalmente fuera de lugar. La herida de rechazo puede ser tocada por cualquier persona de manera externa y sin ninguna intención de hacerlo. Recuerda: la emoción y el dolor provienen de tu herida, no de la persona que la está tocando. Si no tuvieras esa herida, ¿te dolería si alguien la tocara? La respuesta es no, por supuesto.

Si aún no te queda claro cómo identificar esta herida, a continuación te dejo algunos ejemplos.

¿Te ha pasado alguna vez que estás en una reunión y quieres dar tu opinión, pero no puedes, hay una vocecita en tu cabeza diciéndote que lo que vas a decir no es correcto, no se ajusta a lo necesario del momento, que no es importante y no ayudará a nadie, etc., entonces prefieres callar y no decir nada? También puede ser que asistas a la reunión y te sientes en el lugar menos visible, casi escondido, para evitar que te hagan cualquier tipo de pregunta. Antes de ni siquiera evaluar tu aporte ya lo rechazaste. Pues bien, esa vocecita que muchas veces suena muy fuerte es tu ego, tu ego está haciendo lo que sabe, lo que cree que lo mantendrá a salvo, trata de evitarte el dolor de ser rechazado; sin embargo, también te está privando de sentirte incluido, valioso y visto por los demás, de sentirte parte importante del grupo; después de todo, no puedes tener la seguridad de que serás rechazado. Entonces por qué no decirle de manera más consciente a tu ego algo así: «te escucho, sé que sientes miedo al rechazo, sin embargo, esta vez voy a hacer algo diferente» ¿No crees que valdría la pena intentarlo? Sé que lo harás cuando estés lista... Tampoco te presiones, pero si no te gusta lo que experimentas, quizá podrías tratar de hacer algo diferente y ver el resultado.

Como con todas las heridas de la infancia, si no tomas una acción, se te presentarán situaciones en las que repetirás el sentimiento de rechazo, y aunque no quieras creerlo, tú las atraes, vienen a tu vida como un llamado de atención que te pide a gritos que empieces a mirar más allá de lo que ven tus ojos, que te vuelques hacia ti misma, hacia tu interior y escuches lo que esa niña necesita para cambiar tus reacciones ante el mundo.

La herida de la humillación

Ninguna herida emocional es deseada para ti. Sin embargo, muchas de ellas llegarán a nuestra vida para recordarnos lo valiosos que somos, ya que muchas veces estamos tan ocupados y distraídos por lo que sucede en el mundo que nos perdemos del verdadero camino, de la única verdad. Ahora hablaremos un poco sobre la herida de la humillación. Solo de escucharla suena difícil de procesar. Esta herida puede presentarse cuando el niño siente u observa, bajo su percepción, que sus padres o cuidadores principales expresaron con palabras o hechos vergüenza hacia él. Situaciones relacionadas con la comparación, como por ejemplo, cotejar el cuerpo del niño con los de otros niños, su actitud o algo que haya hecho o que no haya hecho, o que simplemente hizo diferente al amiguito, al vecino, al hermano, etc. Muchos padres, sin lugar a dudas, dirán que son comparaciones inofensivas y hasta las hacen como una broma; muchos de ellos también las hacen creyendo que de esa forma ayudarán o cambiarán una conducta en sus hijos; o que, al criticarlos y avergonzarlos, ellos mágicamente cambiarán. Lamentablemente, algunos cambiarán temporalmente por el miedo a sus padres, otros reaccionarán siendo aún más rebeldes y, sin duda, en todos ellos esas comparaciones y críticas dejarán huellas diferentes y dolorosas de por vida, invisibles ante los ojos de extraños, invisibles ante sus propios ojos, pero que se muestran en sus actitudes hacia la vida.

Lamentablemente, situaciones como abusos sexuales o abusos psicológicos también podrían crear esta herida en los niños que la sufrieron.

Existen situaciones todavía mayores, como la de padres que también tienen sus propias heridas y no pueden relacionarse con sus hijos. Imagínate un padre o madre con la herida de rechazo que tiene la máscara del perfeccionista, y su hijo, como todo niño normal, desea jugar como prioridad, olvidándose de limpiar después de hacerlo. La madre, con herida de rechazo, podría llegar del trabajo y al encontrar la casa desordenada podría decir algo así: «no es posible que tú, bueno para nada, no hayas recogido tus juguetes. Cuántas veces lo tengo que decir, ¿es que nadie me escucha?, ¿qué debo hacer para que me entiendan de una vez por todas?». Unos padres sin esta herida llegarían de casa y dirían algo así: «veo que jugaste y no recogiste los juguetes, recuerda, al final del día y antes de ir a la cama, debes recoger todos tus juguetes, eso es parte de tu actividad». ¿Puedes ver la diferencia entre una y otra forma de trato hacia un niño?

Otros padres, atrapados en sus propias heridas, sienten vergüenza de sus hijos, por ejemplo, cuando estos tienen un cuerpo que no está de acuerdo con el concepto de lo que consideran un cuerpo aceptable (nuevamente cargados de creencias o heridas personales), ya sea que son muy delgados o gruesos. Una madre o padre con herida de rechazo o injusticia podría degradar a su hijo por querer comer un pedazo más de pizza o de helado con adjetivos fuertes como «eres muy gordo, vas a reventar si sigues comiendo, por qué no eres como tu hermano que no necesita comer tanto, no quiero salir contigo porque me da vergüenza que te vean». Expresiones como esas, lamentablemente, son más comunes de lo que quisiéramos, y se escuchan a diario en muchas familias, están tan normalizadas que los padres no sienten que estén diciendo nada equivocado. El niño humillado puede llegar a experimentar emociones como la ira, enojo, vergüenza de sí mismo, y esto le podría generar sumisión. A su vez, este niño crecerá con la idea y la sensación en su cuerpo de que él es desagradable a sus padres y por lo tanto crecerá sintiéndose incómodo con su propio cuerpo. Cuando somos niños, nuestros padres deberían ser nuestro refugio, nuestro puerto seguro de amor y conexión. Ahora, ¿te imaginas sentir que ellos se avergüenzan de ti? ¿No solo que no te apoyan, sino que por el contrario te critican? Quizá tú pasaste por esto o quizás no. Para los que sí, estoy segura de que hay heridas emocionales muy dolorosas. Los niños que crecen bajo esta sombra tendrán tendencia a sentirse culpables de no ser amados. Si no eres capaz de sentir que mereces amor, entonces no estarás dispuesto a abrir tu corazón a nadie, si no te amas a ti misma, ¿cómo podrías amar a otros? Damos lo que somos y lo que tenemos, todos tenemos amor dentro de nosotros, pero muchas veces este ha sido enviado a las profundidades, está lejos de la superficie, fuera de nuestro alcance porque nos trae recuerdos cargados de emociones que no queremos sentir, emociones difíciles que deberemos procesar para recordar que fuimos creados por un mismo creador, que todos somos valiosos y dignos del amor infinito.

Cómo reconocer la herida de la humillación en la edad adulta

Al igual que todas las heridas de la infancia, esta también se puede reconocer por una máscara predominante sobre las otras de esta misma herida. La máscara de esta herida es la del masoquista; es muy difícil de decir, pero básicamente un masoquista siente satisfacción cuando está bajo sufrimiento, sea este mental, físico o espiritual.

Muchos adultos con esta herida van por la vida sintiendo que todo es complicado y que la vida es sinónimo de sufrimiento. Por lo general, son personas agradables y que tratan de complacer a los demás, muchas veces se olvidan de sí mismos y dan todo su tiempo, dinero y esfuerzo para mantener a los demás felices y complacidos. Son también esas personas que siempre tratan de resolver los problemas de otros, y viven angustiados por todos, estresados, cargándose los problemas de los demás en la espalda, todo bajo la presunción de que así serán más apreciados. Sienten que las demás personas tienen altas expectativas puestas en ellos, aunque no se los hayan dicho. Si bien puede parecer que son «perfectos», están dando más de lo que tienen para eludir los sentimientos de vergüenza de ellos mismos, «si doy más, si siempre estoy para los demás por encima de mí mismo, entonces nadie notará la vergüenza que siento interiormente». Este «dar» pueden hacerlo de manera compulsiva y en total desmedro de su propia persona. A pesar de sentir que deben dar y hacer mucho por los otros, con frecuencia también sienten que dan mucho y que no son correspondidos (que son incluso abusados).

Otra característica de los adultos con esta herida es la tendencia a usar como escape la comida, se pueden volver adictivos, y cada vez que sientan emociones provocadas por esta herida (como la vergüenza) experimentan la necesidad de comer; normalmente serán comidas no saludables, en deshoras y de manera compulsiva, es básicamente una adicción para adormecer temporalmente sus emociones.

¿Has escuchado la frase: «tanto va el cántaro a la fuente hasta que al final se rompe»? Nadie puede dar lo que no tiene, y aunque por tiempos cortos parezca que funcione, tarde o temprano el cántaro se rompe, es decir, la herida está ahí latente, y no desaparecerá porque tú creas ignorarla, mientras más la ignores más aparecerá en eventos cotidianos de tu vida. Las heridas no escuchadas también pueden generar problemas físicos que se traducen en enfermedades; en ese caso, sucede lo que llaman somatización, yo diría que todos los seres humanos tenemos una conexión entre mente, cerebro, cuerpo y, por qué no decirlo, alma... Reconocer nuestras emociones y entender de dónde provienen es parte de sanar nuestra alma.

Aún no está claro, aquí te dejo algunos ejemplos:

Laura es una mujer muy trabajadora que, después de muchos años de arduo trabajo, ha logrado un cargo de gerencia del cual se siente muy orgullosa. En esta nueva posición, ella tiene personal bajo su cargo al cual debe delegar funciones y de quienes debe recibir reportes. Laura, al tener la herida de la humillación, tiene mucha dificultad de delegar y tiende a realizar gran parte del trabajo de sus subordinados. Al principio estos se sienten muy cómodos, ya que les permite tener más tiempo de ocio. Laura, por su parte, no tiene tiempo para nada, vive estresada, pero aun así se fuerza a mantener su sonrisa y continúa cargándose con el trabajo de los demás; ciertamente Laura sabe que necesita más tiempo para ella, pero ignora sus propias necesidades (clásico en las personas con heridas de humillación).

¿Te identificas de alguna manera con lo descrito arriba? Revisa tus respuestas del capítulo 3. Si respondiste sí a las preguntas 4, 10, 14 y 17, entonces tienes esta herida.

La herida de la injusticia

La herida de la injusticia se presenta cuando el niño tuvo la percepción de que sus padres fueron fríos, intolerantes, críticos, severos, rígidos y/o muy exigentes.

Básicamente, estos padres desean que sus hijos se comporten de manera «perfecta» para pretender que ellos son padres modelo, excelentes. A los padres de estos niños les encanta recibir elogios sobre lo bien portados, educados y estudiosos que son sus hijos, claramente podríamos estar hablando de un padre con heridas de rechazo y humillación. Normalmente, este comportamiento de «perfección» de los hijos es logrado con un nivel de exigencia muy alto, padres muy severos, rígidos y que no crean ningún tipo de conexión con sus hijos, básicamente sus hijos nacieron y no tienen derecho a opinión alguna, solo deben obedecer.

Los niños con padres tan autoritarios, rígidos y exigentes simplemente no tuvieron la oportunidad de ser niños, o mejor dicho les robaron la oportunidad de serlo.

Cómo reconocer la herida de la injusticia en la edad adulta

La máscara que llevan es la de la rigidez.

Los adultos con esta herida tienden a trabajar sin medida, sobresforzarse, y les gusta presumir lo mucho que trabajan, a su vez viven criticando o indicando que no soportan a las personas que no trabajan, a los que pueden catalogar de «vagos».

Al ser los padres la figura de autoridad visible en los primeros años de vida de un niño, se provoca la concepción de que, como adulto, este pueda rechazar completamente la idea de un jefe o, por el contrario, volverse ese jefe rígido, exigente, autoritario, intolerante y frío.

Los adultos con esta herida son perfeccionistas con ellos mismos y exigen la misma perfección de los demás. Suelen ser exitosos profesionalmente por el grado de exigencia que se imponen a sí mismos, les causa envidia cuando otras personas logran más que ellos.

El valor de estos, ahora adultos, en su percepción radica en su perfección, si no lo hacen de manera perfecta no está bien hecho. En su vida no cabe la posibilidad de equivocarse, después de todo, ellos valen porque son perfectos. Le encanta que lo halaguen por sus logros y le parece muy injusto que alguien lo considere afortunado o con suerte, pues lo que él tiene fue producto de su arduo trabajo. Creen que la vida es muy difícil, que todo se gana con mucho esfuerzo. Casi lo olvido, a estas personas les cuesta mucho pedir ayuda y también recibirla. No son personas que van haciendo daño por la vida, más bien tratan de hacer siempre lo correcto, aunque el hacer lo correcto les cueste una desconexión interna.

Están desconectados de sus emociones, por lo que pueden ser muy duros con otros y sin duda con ellos mismos. Esta desconexión se dio como un modo de supervivencia en su niñez, recordemos que su niñez les fue robada, entonces ese niño que aún vive dentro de estos ahora adultos sigue ahí, pero fue enviado a una cueva alejada de donde nunca lo dejaron salir. Debido a ello, el adulto va por la vida como una persona exitosa profesionalmente, conocido por su rigidez y exigencia; muchas veces y aparentemente tiene todo lo que necesita para ser feliz, siempre está muy bien y aparentemente no tiene ningún problema, pero siente un vacío inmenso que no le cuenta a nadie (no puede contarlo, ya que dejaría de ser perfecto); muchas veces ese vacío es solo el «lo tengo todo, pero no soy feliz»… ¿Sabes por qué no es feliz? Nadie que no ha sanado mediante la conexión con su propio ser interior logrará la felicidad, aun cuando tenga todo lo material en esta vida.

Aquí te va un ejemplo:

Camila fue hija de unos padres muy rígidos y con poco tiempo para ella, ya que adicionalmente fue la hermana mayor de otros tres hermanos. Los padres trabajaban bastante, por lo que ella era responsable en gran parte del cuidado y la crianza de sus hermanos menores. Camila no tuvo la oportunidad de tener una niñez, porque desde pequeña se le exigió asumir roles de un adulto. Camila estaba cansada y apenas concluyó sus estudios salió de la casa de sus padres. Al ser muy exigente con ella misma, se convirtió en una ingeniera muy exitosa que logró todo lo que se había planteado, se casó y tuvo tres hijos. Camila es muy exigente con sus hijos y aunque no recarga todo el trabajo en su hijo mayor, tampoco les permite ser realmente niños, ya que los llena de responsabilidades bajo la creencia de que se lo agradecerán después. Camila de cierta manera está repitiendo patrones. Después de unos años de matrimonio, Camila y su esposo empezaron a tener problemas, Camila no tiene paciencia y siempre está al borde del colapso, estresada y lista para atacar… Su matrimonio no va bien y esto también la estresa al máximo, ya que no puede permitirse el fracaso. La niña interior de Camila necesita hacer un proceso de *self reparenting* o autoreparentalización (ya hablaremos más sobre este término). Camila no podrá lograr un equilibrio en su vida hasta que no decida parar, escuchar y reconectar con su niña interior, con esa niña que no tuvo la oportunidad de vivir la experiencia de ser una niña cuando lo fue.

¿Te identificas de alguna manera con lo descrito arriba? Revisa tus respuestas del capítulo 3. Si respondiste sí a las preguntas 2, 12, 13 y 18, entonces tienes esta herida.

La herida de la traición

La herida de la traición tiene una connotación relacionada con el progenitor o cuidador del sexo opuesto. Se presenta bajo la percepción de que el progenitor del sexo opuesto traiciona al niño y/o a la madre/padre. La traición se da cada vez que el padre/madre hace una promesa y la incumple, cuando el progenitor deja de darle la misma atención que solía darle al niño (como puede darse el caso ante el nacimiento de un nuevo hermanito). Esta herida también se presenta cuando el progenitor pone límites y él mismo los rompe. Básicamente, cuando el niño siente que su progenitor ha traicionado su relación y/o su confianza. A la vez puede darse cuando la niña (mujer), por ejemplo, ve que el padre es infiel con la madre: la niña tomará la traición como si fuera hacia ella.

Cómo reconocer la herida de la traición en la edad adulta

La máscara que llevan los adultos con esta herida es la del controlador.

Esta máscara es generada bajo la idea de que si ellos pueden controlar todo, podrán asegurarse de que cualquier compromiso será cumplido y no sentirse traicionados. Son personas que no quieren mostrar debilidad ante nada, tratan de mostrarse fuertes, como si no tuvieran ninguna debilidad, exigen mucho de los demás, buscan siempre figurar como personas importantes y les encantan los halagos a cualquier logro que tenga, por más pequeño que sea. No confían en nadie, pero hacen todo para sentir que nadie desconfíe de ellos.

Tener el control se vuelve imperativo y una necesidad de supervivencia, por lo que hace esfuerzos adicionales para que nada se les escape de las manos. No toleran la traición, es lo peor que les puede hacer. Son esas personas que necesitan tener todo planeado con mucho tiempo de anticipación, jamás podrían hacer nada sin un plan, nunca harán un viaje sin tener todo planificado y bajo control, desde los pasajes, transporte, estadía, lugares que se visitarán, hasta la comida que planean comer y los horarios para todos. El no tener control sobre las cosas les provoca ansiedad y no solo aplica para su propia vida, les gusta tener el control sobre la vida de los demás, decirles qué hacer, tomar decisiones por ellos y lo hacen de una forma manipulativa. Se colocan una armadura para aparentar que son fuertes y que siempre tienen todo bajo control; sin embargo, son bastante sensibles a la crítica. La ironía es que les encanta controlar a los demás, pero odian ser controlados, por lo que generalmente tienen problemas con sus jefes.

Para ellos el qué dirán es muy importante, su reputación nunca puede estar en juego, ellos quieren ser los que saben más que los demás y siempre quieren dar su opinión aun cuando no se les pide. Tienden a pensar que si ellos no están las cosas no marcharán, se creen insustituibles.

Las personas con esta herida son seductores y no dudarían en usar su seducción para manipular. Quieren ser vistos como personas confiables y pueden mentir con una facilidad asombrosa. Son expertos en el arte de distorsionar la realidad para siempre ser vistos como quienes tienen la razón.

Buscan parejas a las cuales puedan controlar y normalmente tienen problemas para establecer relaciones saludables, ya que siempre tratarán de controlar a su pareja. Cuando ven que pueden perder el control en la relación, pueden usar todo tipo de artimañas de manipulación desde mentir, llorar, chantajear, volverse víctimas, echar en cara todo lo que han hecho por el otro, etc. Todo, absolutamente todo para volver a tener el control. Siempre tratan de que el otro genere culpa y de esta manera poder seguir controlando. Si su pareja se rebela y rehúsa a seguir siendo controlada, entonces crea situaciones para ser abandonado o terminar la relación siendo siempre la víctima, jamás se ve a sí mismo como el causante de la ruptura.

¿Te identificas o identificas a tu pareja de alguna manera con lo descrito arriba? Revisa tus respuestas del capítulo 3. Si respondiste sí a las preguntas 9, 24, 25, 26 y 28, entonces tienes esta herida.

Conversemos un poco sobre lo que descubriste

¿Cómo te fue con cada herida? ¿Pudiste encontrarte en alguna o más de una de ellas? Es muy difícil encontrar a una persona que no tenga ninguna herida de la infancia; sin embargo, es posible que muchas personas no sean capaces de mirarse a sí mismas descubiertas de su ego y aceptar que tienen algunas de estas heridas. Todo está bien, el proceso es personal y ni tú ni yo podemos adelantarnos al autodescubrimiento y sanación del otro si el otro no lo desea. Aceptar la individualidad de las personas también es algo que debemos aprender y respetar.

Ahora bien, si fuiste lo suficientemente honesta y valiente para encontrarte en lo descrito en algunas de estas heridas, te felicito, no porque ahora lo sepas, pero sí porque se requiere valentía para aceptarlo y la aceptación es el inicio del proceso de sanación. Recuerda, no estás sola, somos muchos los que atravesamos por este camino, somos muchos los que sufrimos a causa de las heridas emocionales de nuestra niñez. Personalmente espero que mi pequeño aporte con estas líneas sea para tu beneficio.

Aquí no termina lo que debes saber; después de todo, si vas a un doctor por una dolencia, ¿te sanarás solo con el diagnóstico, con solo saber qué enfermedad tienes? La respuesta generalmente será que no, así que aún tenemos mucho más que explorar. ¿Te animas? Seguro que sí, después de todo ya llegaste hasta aquí. En el próximo capítulo te brindaré información que considero importante que sepas y entiendas antes de entrar en el capítulo y las técnicas para sanar.

Capítulo 6

LA INDISCUTIBLE CONEXIÓN

La conexión alma, mente, cuerpo.

Lo que el alma calla, el cerebro lo procesa y el cuerpo lo expresa. Escucha a tu cuerpo, aprecia tu cerebro y vuelve a tu SER para alcanzar una vida en armonía.

Después de leer el capítulo anterior es posible que quieras correr y ver directamente el capítulo sobre cómo sanar las heridas emocionales de la infancia. Te entiendo, tienes prisa, pero déjame decirte que cada paso es importante. Tener el conocimiento y entender el porqué de nuestro estado actual es el primer paso hacia la sanación; te recomiendo no saltar este episodio, ya que contiene información valiosa.

Definiciones importantes

Debo aclarar que las definiciones descritas en este libro son conclusiones basadas en mi investigación. Existe mucha divergencia, complejidad y una gran variedad de definiciones y contradicciones sobre estos términos, así como diferentes corrientes los definen de diferentes maneras. Para el caso de nuestro estudio, usaremos las definiciones descritas a continuación:

- **Espíritu:** trasciende lo material, no es físico, no está anclado a un cuerpo humano. El espíritu no está influido por nuestras experiencias, es la intuición que viene desde tu divinidad. Es donde radica nuestra imagen y semejanza con Dios.

- **Alma:** «alma» proviene del latín *anima*; a su vez, *psyche* es el término griego que significa «alma humana»; es la esencia misma del ser humano en esta vida, las emociones, ideales, discernimiento, voluntad y la mente.

- **Cerebro:** es el órgano principal del sistema nervioso; es un órgano complejo que se divide en dos hemisferios.

A su vez, nuestro cerebro se divide en tres cerebros, que son: el neocórtex, el límbico y el reptiliano.

   o **Neocórtex:** es el cerebro más avanzado, donde se realizan los procesos cognitivos superiores y complejos: el razonamiento, la toma de decisiones, la memoria, la automotivación, etc. Es la mente que piensa.

   o **Límbico:** está vinculado al aprendizaje, la memoria y las respuestas emocionales como resultado de estas. Es la mente que siente.

   o **Reptiliano:** denominado así, ya que básicamente cumple las mismas funciones que el cerebro de un reptil. Funciones básicas vitales y primitivas de supervivencia se activan en este cerebro.

El cerebro es también como una computadora que controla las diferentes funciones de nuestro cuerpo. De manera muy simplificada podemos decir que el sistema nervioso envía mensajes de ida y vuelta al cuerpo y al cerebro; estos mensajes son enviados a través de la médula espinal, que desciende desde el cerebro hasta la espalda. Para hacerlo un poco más didáctico, nuestra piel está dotada de receptores sensoriales de dolor; por ejemplo, si tocas algo muy caliente, estos receptores de la piel envían un mensaje que viaja a través de la médula espinal hasta el cerebro y el cerebro responde enviando la sensación de dolor, provocando por lo tanto una reacción de tu parte, y es ahí cuando tú inmediatamente quitas tu mano del objeto caliente. Parece un proceso largo, sin embargo, sucede de manera muy rápida e instantánea.

- **Impronta:** es una experiencia o evento significativo ocurrido en el pasado, el cual forma una creencia o un grupo de creencias útiles, traumáticas o problemáticas que nos llevan a creencias limitantes.

Si no escuchas tu alma, tu cuerpo gritará

Aunque para algunas personas aún es difícil de creer, muchas de las enfermedades físicas que nuestra sociedad sufre están causadas por la falta de atención a tu alma. Nuestra mente, que es parte de nuestra alma (ambos de naturaleza no física y por lo tanto imposibles de estudiar), puede tener un efecto increíble en nuestra salud corporal.

Las heridas de la infancia son también llamadas heridas emocionales, pues para que pudieran dejar una huella (impronta) en nuestra alma tuvieron que estar cargadas de emociones. Cuando tienes heridas de la infancia, lo que necesitas sanar es tu alma. Es muy común que vayamos por la vida pensando en que todo se resume en pasar de un día a otro, comprar cosas, pagar cuentas, etc., y creyendo que nuestra forma de actuar y pensar es lo que «somos», y que si somos exigentes, perfeccionistas, dependientes, ansiosos, preocupados todo el tiempo, rígidos, etc., es «como somos», sin notar lo que hay detrás de esos comportamientos. Lo que está detrás de esos comportamientos son nuestras improntas, que pueden venir cargadas de creencias limitantes que, sin que lo notemos, como un virus invisible, invaden tu alma y tu mente, y si no las detectas, se pronuncian en tu cuerpo. ¿Cómo se pronuncian en tu cuerpo? Déjame darte un ejemplo de alguien muy cercano a mí.

Lucia, una mujer en sus 40, exitosa profesionalmente, inteligente, independiente y soltera, empezó a sentir la necesidad de emigrar de su país, ya que las condiciones políticas no vislumbraban ningún futuro prometedor; por el contrario, Lucía vio como única solución emigrar para ayudar a su familia. En su nuevo país de residencia conoce a alguien y se casan, todo esto dentro del primer año en el nuevo país. Lucía pasa de ser una mujer soltera, profesional, independiente a ser ama de casa y madrastra de dos hijos que tenía el esposo de un matrimonio previo. Lucía siente mucho estrés, pero cree que puede manejarlo. Hasta aquí todo parece normal. Pero dentro de Lucía se está cocinando algo muy grande, algo que ella no puede notar de manera consciente. De repente, Lucía empieza a sentirse enferma, tiene dolores musculares, dolores de espalda, dolores de estómago, tensión en las mandíbulas, fatiga, etc., lo que hace que empiece un desfile de visitas al médico, exámenes de todo tipo… Pero para sorpresa de Lucia, los exámenes siempre vuelven diciendo que todo está en orden o con algún número pequeño en rojo que realmente no podría ser la causa para su sufrimiento. Un doctor al que visitó le dijo que podría ser fibromialgia; uno anterior le dijo que era un dolor crónico de origen desconocido, y el último que visitó le dijo que podría ser depresión. Lucía nunca más volvió a ese doctor. ¿Cómo alguien podía ser tan desalmado al pensar que todo el dolor que estaba experimentando estaba en su cabeza, en su mente? Ella se molestó muchísimo y se sintió ofendida, ya que no estaba inventando el dolor, el dolor era real y además insoportable. Después de un tiempo, además de los dolores corporales, Lucía empieza a tener cambios de estados de ánimo frecuentes y otros síntomas que parecían apuntar a que Lucía padecía evidentemente de depresión. Luego de visitar a un especialista, sus sospechas fueron ciertas: el diagnóstico fue depresión. Para suerte de Lucia, ella empezó a hablar sobre lo que le sucedía y a investigar por su cuenta y descubrió que existe una relación entre enfermedades como la depresión y síntomas corporales. No, Lucía no estaba inventando los dolores, los dolores eran reales, pero efectivamente provenían de un estado de ánimo de lo que yo llamaría «vivir en baja frecuencia».

Sucede que la depresión en gran parte de los casos es causada por una represión de emociones muy fuertes; las emociones reprimidas en nuestro inconsciente no desaparecen, ellas tratan constantemente de salir a nuestra mente consciente; cuando las percibimos y las sentimos (emociones como rabia, ira, ansiedad, enojo), estas de cierta forma son liberadas y no se manifiestan normalmente como dolor; sin embargo, emociones que no nos permitimos sentir se manifiestan como dolor en el cuerpo, es básicamente un escape. Inconscientemente, y algunas veces conscientemente, no queremos sentir esas emociones tan profundas y dolorosas, y lo que pasa es que se genera una estrategia en nuestra mente. La mente cree protegernos, casi que mantenernos a salvo, al evitar que confrontemos esas emociones perturbadoras, casi insufribles, y lo hace desviando nuestra atención de las emociones y haciendo que nos enfoquemos en nuestro cuerpo. Un libro que recomiendo para personas que sufren de dolores muchas veces inexplicables o con explicaciones médicas no convincentes, es el libro del doctor John E. Sarno, *The Mindbody Prescription*. El dolor es real y lo explica en su libro el doctor Sarno, indicando que es el sistema nervioso autónomo el responsable de la gran mayoría de las condiciones de dolor crónico. Este sistema controla la circulación de la sangre en el cuerpo. Por ejemplo: un aumento del flujo de sangre a las mejillas cuando una persona se avergüenza es una reacción física a un impulso psicológico. El sistema nervioso autónomo también puede reducir el flujo sanguíneo a ciertos músculos, nervios, ligamentos y tendones en el cuerpo, y como resultado de un nivel de oxígeno llegando a los tejidos se produce el dolor. En el mismo libro, el doctor Sarno explica que muchas veces con solo hacerte consciente de que tus dolores pueden provenir de una situación de emociones reprimidas y hablarle a tu mente y cerebro podría mejorar drásticamente.

Volviendo al caso de Lucia. Lucía entendió que su depresión era la causa de sus dolores corporales y estos empezaron a ceder; sin embargo, al desaparecer los dolores corporales, sus síntomas emocionales de depresión se incrementaron. Es muy difícil decirle a alguien que todo el dolor físico que está sufriendo pueda ser causado por un problema emocional sin resolver, creo que tanto los dolores físicos como los emocionales son tremendamente debilitantes y difíciles, muchas veces una combinación de ambos es inevitable.

Volvemos a Lucia. Lucía empezó a escribir lo que sentía cada vez que tenía ataques de ansiedad y a tomarse el tiempo a solas para escucharse a sí misma. Si lees esto y crees que es fácil sentarte contigo misma y con tus emociones fuertes, estás muy equivocada, podría decirte con total seguridad que hacerlo es de valientes. Entonces Lucia, una noche después de tratar de entender las razones de lo que le sucedía, empezó a buscar en los recuerdos de su infancia. No tenía muchos o, mejor dicho, no recordaba muchos, casi ninguno, lo cual es otro síntoma de una impronta mayor. Lucía era la mayor de tres hermanos que crecieron solo con su madre; al ser la mayor, creció teniendo muchas responsabilidades para con sus hermanos menores. Su madre trabajaba mucho, por lo que no pasaba mucho tiempo con ellos. Solo con esto ya podemos deducir que Lucía tenía las heridas de abandono, injusticia y traición. Lucía tuvo que pasar por todo eso para finalmente descubrir que en el proceso ella se había desconectado completamente de su ser. Para tranquilidad de todos, Lucía ya no sufre de depresión y ha logrado mantener una vida equilibrada. ¿Fue fácil? ¡NO! fue un proceso de constancia, dedicación, con un propósito claro y todo desde el amor propio y la confianza y fe en la divinidad.

El caso de Lucía es solo un ejemplo; sin embargo, esa conexión que existe entre nuestra alma, mente, cerebro y cuerpo se da todo el tiempo y situaciones como esa o muy diferentes pueden dar lugar a producir o despertar nuestras heridas emocionales mediante el dolor físico y lo que creemos son enfermedades.

Nada está perdido cuando tenemos una intención pura hacia lo que deseamos con el corazón, así que te invito a seguir leyendo. De mi parte prometo acompañarte en el proceso, porque yo ya recorrí este camino y sé que no es nada fácil.

Me alegra mucho que hayamos llegado a este punto, ya que en el siguiente capítulo empezaremos a ver lo que podemos hacer para ayudarnos a sanar. Te tomo de la mano, vamos, no estás sola, continuemos.

Capítulo 7

ES HORA DE SANAR

KmBerggren

El método ARCA

Antes de sanar a alguien pregúntale si está dispuesto a renunciar a las cosas que lo enfermaron.

Hipócrates

Ahora que ya revisamos y ya sabes cuál es tu estado actual, y por qué no logras una vida plena y feliz, ahora que ya sabes que tu alma necesita de ti más que nunca, ¿estás dispuesta y lista para sanar? Aquí quiero escuchar un rotundo ¡SI! Lamentablemente, no existe un camino medio como un quizá; en este momento, o estás lista o no lo estás.

No, no estoy tratando de poner presión en ti, siempre puedes volver y hacerlo cuando te sientas lista, estoy tratando de que veas el maravilloso mundo que te estás perdiendo de vivir, esta vida nos fue dada para ser felices y no te hablo de la felicidad temporal y efímera que te brindan los pequeños placeres de la vida, te hablo de la verdadera felicidad, que no se genera desde el exterior, esa que se genera solo cuando tu alma, tu mente y tu cuerpo están en equilibrio y armonía. Cuando ellos están en armonía, tu SER está automáticamente conectado con la divinidad.

He diseñado este método con la mayor humildad posible, sabiendo que yo misma he pasado por cada etapa, entendiendo que sanar el alma es más doloroso de lo que se cree, porque para pasar al otro lado hay que atreverse a confrontar todo lo que no nos gusta de nosotros mismos, atreverse a mirarse en el espejo cuando menos deseamos hacerlo, atreverse a atravesar el dolor profundo de nuestras heridas. Atreverse y tener la valentía de enfrentar nuestras sombras, nuestro ego y dejar caer las máscaras, todas esas máscaras y esos personajes que, si bien sirvieron a un propósito, ya no necesitamos más.

No existe hazaña mayor en esta vida que la de lanzarse hacia la sanación y reencuentro contigo misma, y por eso yo te celebro desde ahora mismo y deseo que este sea un camino sin retorno para ti, un camino de amor y de autoconocimiento y autodescubrimiento, un camino hacia tu reencuentro, hacia el reencuentro con tu niña interior; en definitiva, hacia una vida donde puedas verte y amarte sin necesidad de complacer a nadie excepto a ti, así tal como nos ama nuestro creador.

A continuación quiero mostrarte un breve resumen del método que creé y al que denominé método ARCA. En los siguientes capítulos lo veremos más a detalle para que puedas aplicarlo.

ARCA

A= Aceptación

Aceptación de que tienes una herida o más y de que esta herida es en gran parte quien dirige tu vida.

Aceptación de que es necesario perdonar y perdonarte y de esta manera a la vez aceptar el hecho de que debes hacerte responsable de tu propia vida, ya no como esa niña herida, sino como el adulto que eres ahora.

R= Reparentalización

Reparentalizar es ser ese padre o madre que no tuviste, es atender las necesidades de esa niña que vive en ti, es decir, darte lo que no te dieron cuando fuiste una niña, pero esta vez hacerlo de manera consciente.

C= Conciencia y conexión con el YO SOY

Para desarrollar esta área, que aún es un enigma para el ser humano, vamos a trabajar en tu diálogo interno, entender que somos espejos y vamos a apoyarnos en herramientas del *coaching* con PNL.

A= Agradecer

El agradecimiento como instrumento de sanación es una de las herramientas más poderosas y hermosas. Aprenderemos a agradecer. Por ejemplo:

- Agradecer que tienes la oportunidad de sanar
- Agradecer a tus maestros en esta vida y a ti misma.
- Agradecer por todo lo que das por hecho.

Capítulo 8

SANAR ES EL ÚNICO CAMINO

Existen diferentes enfoques en los que podemos apoyarnos; uno podría ser el *coaching*, ya que es un proceso de acompañamiento y transformación que busca el mejoramiento de la persona a través del aprendizaje y el autoconocimiento, cuya finalidad es llevarte del punto A al punto B y nos ofrece una serie de herramientas de autodescubrimiento, aceptación y toma de conciencia. Otro enfoque y varias técnicas usadas en este libro están relacionadas con el uso de las técnicas que nos ofrece la PNL (programación neurolingüística) a través de las cuales podemos trabajar en la reprogramación de nuestra mente. En definitiva, todo dependerá de ti y de cómo quieras hacer tu proceso, y si sientes que necesitas el apoyo para hacerlo o si lo prefieres hacer sola. Mucho del camino de sanación se camina individualmente; sin embargo, en muchas ocasiones se siente la necesidad del apoyo y la compañía.

Muchos de los ejercicios que se aplican en el método ARCA, de los que podrás ver algunos en este libro, están también relacionados con la visualización, y gran parte de visualizar está relacionada con la imaginación. La imaginación creativa es algo que todos los seres humanos tenemos y podemos desarrollar y sus beneficios son incontables, ya que nos permite básicamente crear nuestra propia realidad; un aspecto importante para fortalecer la imagen creativa es estar presente, sin embargo es bastante difícil para muchas personas lograr estar en el presente, es decir, estar en un lugar y momento y disfrutarlo totalmente, estar totalmente enfocado y no ser distraído por el celular o por nuestra propia mente con su diálogo interno. Estar en el estado presente es algo que puede lograrse con la continua práctica y a la vez trabajando en varios aspectos con técnicas de la PNL.

A continuación te presento con mucho amor y entrega el método ARCA, ponlo en práctica y date la atención, afecto y respeto que mereces hoy, no esperes hasta mañana.

Descripción del método ARCA

Lo que niegas te somete, lo que aceptas te transforma.

Carl Jung

1. La aceptación

La aceptación es como la piedra fundamental del camino que te llevará al reencuentro con tu esencia, al reencuentro con tu verdadero *yo soy*. Quiero que tomes el término aceptación con toda la entonación positiva que puedas, ya que será parte del inicio de una transformación y no podemos permitirle a nuestra mente divagar.

Paso 1:

Acepta e identifica que tienes una o más heridas de la infancia y que estas son las que muchas veces se ponen al volante y dirigen tu vida; desde ya te puedo decir que hacerlo es un acto de valentía. Vamos a empezar por decir, ya sea en voz alta o en tu mente: «acepto y puedo ver que tengo heridas emocionales y tengo la valentía y el coraje para sanarme».

Aceptar significa observar tu herida y hacerte consciente de que tienes situaciones que resolver. Mientras más rápido aceptes que tienes heridas emocionales más rápido podrás sanar y así evitar que esta herida se siga presentando y complicando tu vida ahora ya como adulto.

Paso 2:

Aceptar que debes perdonar. Espera, no, no voy a decirte que corras en busca de tus padres o tus cuidadores o quien sea que sientas que te lastimó y les pidas perdón o les digas que los perdonaste. ¡No!, no se trata de ese perdón, aunque en algunos casos podría ser lo que les ayude. Cada caso es diferente y no podemos cerrar las puertas a ninguna oportunidad; sin embargo, no estoy hablando de ese tipo de perdón.

Es muy normal que en el estado en el que estamos busquemos culpables y que tengamos tendencia a vivir en el pasado, siempre condenando a nuestros padres, cuidadores, etc., ya que cuando estamos en esa situación actuamos desde las máscaras generadas por nuestras heridas y nuestro ego, es como si el saber que hay un culpable y una razón por la que nos sentimos mal o un motivo nos daría un alivio. Al menos podemos culpar a alguien, ¿verdad? Como si al hacerlo quedáramos libres de responsabilidad… Lamento decirte que si bien puedes sentir alivio temporal, no estás ayudándote a ti misma para nada, el vivir en el pasado culpando a otros no eliminará lo sucedido ni cambiará tu realidad, por el contrario, solo empeorará tu situación y te alejará de cualquier posibilidad de ayudarte a ti misma. Continuar culpando al pasado y a los actores del pasado lo único que podría generar es un desgaste de tu propio ser y una pérdida inmensurable de energía. Después de todo, somos seres de energía y debemos cuidar en dónde la ponemos.

Empieza por perdonarte a ti misma. ¡Sí!, construiste una máscara para poder sobrevivir; ¡sí!, construiste una coraza y ¡sí!, lo hiciste como un acto inconsciente, como un acto heroico, un acto de amor... Sin embargo, todos esos personajes que creaste ya cumplieron su función y ahora es el momento de dejarlos caer, es el momento de dejarlos ir.

Para perdonar, lo primero que necesitas es el deseo de perdonar y este deseo debe venir desde el entendido de que solo si perdonas te devolverás la libertad.

Segundo, date el derecho a sentir y reconocer lo que estás sintiendo, sea rabia, sentimientos de injusticia, ira, enojo, etc.

Tercero, si bien no podemos evitar que estas emociones nos lleguen, podemos evitar dejarnos atrapar por ellas por periodos largos, podemos hacernos responsables de cómo reaccionaremos ante estas emociones; es bueno sentir las emociones, pero estados muy prolongados en emociones de baja frecuencia solo te causarán enfermedad, debemos usarlas para aprender de ellas, porque ellas tienen un mensaje; sin embargo, es importante no dejarnos llevar y que sean ellas quienes nos controlen. Te dejaré más adelante algunos *tips* para días nublados, porque los tendrás, días con recaídas, días donde sientas que no puedes más, días en los que todo se ve gris, días en los que las soluciones parecen desaparecer, los necesitarás, y lo sé por experiencia propia.

Como cuarto paso, te voy a pedir que te pares frente a un espejo y te mires, o busca ese espejo pequeño en tu cartera, pero mira tu reflejo; ¿que ves?, seguramente tu imagen ya no refleja a una niña pequeña, acepta el hecho de que creciste, pese a las circunstancias, ya no eres esa niña (aunque esa niña viva dentro de ti), ya no lo eres, suena duro, pero es el momento de tomar las riendas de tu vida, es el momento de hacerte responsable de tu propia existencia como el adulto que eres ahora.

Perdónate a ti misma desde tu interior y a quienes fueron parte de ese plan divino para que el día de hoy tú puedas volver a verte y desear reencontrarte.

Dile a tu niña interior: perdóname por no haber venido por ti antes, perdóname por haberte ignorado, perdóname por haberme distraído tanto con el mundo y no haber venido antes a tu encuentro, ahora estoy aquí para ti, mírame, toma mi mano, no voy a dejarte, de ahora en adelante mi corazón y mis brazos son tu refugio, estás segura y eres amada.

2. Reparentalización

Aquí inicio una promesa de amor hacia ti, mi amada niña, para darte lo que te faltó y así lograr que juntas lleguemos a ser quienes vinimos a ser; no hay amor más puro que ese que se da de corazón, sin esperar nada a cambio, ese es el tipo de amor que debes ofrecerte a ti misma de hoy en adelante.

Hablemos del término reparentalización. ¿Qué es lo que quiero decir con el término reparentalización? Básicamente es mirar de una manera retrospectiva hacia tu interior y darle a tu niña interior todo eso que le faltó. Es posible, claro que lo es, porque ahora puedes hacerlo de manera consciente y con un propósito determinado.

Sanar no es un proceso sencillo que se logra tan solo porque hayas leído este u otros muchos libros. Debes tener un propósito claro, debes estar decidido, y por sobre todo, te pido, ¡no te rindas!, puede ser un proceso largo y difícil, pero es el único camino y al final te prometo que serás más feliz que nunca. Muchas veces durante el proceso podrás tener recaídas que tu ego aprovechará para hacerte creer que no lo lograrás y que no tiene sentido seguir, que no podrás sanar. Ahora ya puedes ser consciente de que ese ego está solo haciendo lo que sabe y cree que necesita hacer, así como tomando el camino conocido. Tu ego puede usar a tu mente y cerebro en su propio beneficio y en desmedro tuyo... Todo eso sucede dentro de ti, sin que tú lo percibas.

Cómo usar tu cerebro a tu favor. Cuando tu cerebro se acostumbra a algo, a eso le llamamos hábito. Tu cerebro está diseñado para siempre hacer las cosas eligiendo el camino ya conocido, aunque tenga muchas opciones a su disposición. Si tienes un hábito que sabes que es malo para ti, como por ejemplo un hábito creado por tus heridas, digamos que eres perfeccionista y eso te está comiendo la vida, y te dices a diario: «esto no lo debería hacer, no debo ser tan perfeccionista»; tu cerebro no entenderá el mensaje, ya que el decir la palabra «no», no cambia nada para tu cerebro y seguirá eligiendo ser perfeccionista, y así será hasta el día en que decidas decirle a tu cerebro cómo lo va a hacer de ahora en adelante. Por poner un ejemplo, yo, perfeccionista, no puedo delegar trabajo porque creo que solo yo puedo hacerlo perfecto y quiero cambiar esto, por lo que en lugar de decirle a mi cerebro «no debo ser perfeccionista, no todos son malos», debo decirle algo como «puedo confiar en el trabajo de los demás, puedo revisar su trabajo y guiarlos, ellos también pueden hacer un buen trabajo». En el cerebro, la sustitución de un hábito por otro es lo único que funcionará, si te repites constantemente no debo hacer esto, solo estarás reforzando más el seguir con el hábito perjudicial, nuestros cerebros necesitan reemplazar el hábito viejo por uno nuevo. Esto no se logra al reemplazar el hábito perjudicial por el nuevo realizándolo una vez, pues los circuitos neuronales ya tienen un camino establecido y conocido para ellos, que los lleva hacia el viejo hábito; debe haber repetición constante y permanente del nuevo hábito, y solo lo lograrás si te planteas un propósito claro. Tu ego es en parte orquestador de esa sinfonía, que siempre tratará de seguir el camino ya conocido y te hará creer que no eres capaz, no lo escuches, aplica esta técnica de manera constante para reemplazar un mal hábito por uno nuevo.

En la mayoría de los casos (excepto por algunos de verdadera negligencia que escapan del entendimiento común), tus padres hicieron lo mejor que pudieron con las herramientas que tenían y las circunstancias que atravesaban en ese momento; sin embargo, eso no cambia el resultado del efecto provocado en ti, la única diferencia es que ahora no existe ninguna respuesta volviendo a ellos (a tus padres o cuidadores), exigiendo una explicación o un «lo siento».

Algo que encontré y me enamoró es una filosofía de vida que tienen los japoneses, denominada *kintsugi*, el arte de reparar objetos rotos. Bajo esta filosofía los objetos rotos son restaurados sin ocultar sus fracturas, sino por el contrario celebrándolas; pegan los fragmentos con pegamento y polvo de oro, lo que hace que las piezas terminen transformándose en verdaderas obras de arte, más hermosas por haber sido rotas, mostrando todas sus fracturas como una muestra de resiliencia. Es básicamente esto, cada vez que sentimos, bajo nuestra percepción, que fuimos lastimados, humillados, abandonados, traicionados, rechazados, etc., fuimos de una forma rotos, quebrados, separados de nuestro ser... Y al sanar, sin duda haremos *kintsugi*: siempre podremos renacer, juntas todas nuestras piezas y repararnos, y seremos mucho más hermosos que antes, ahora como un todo, de cuerpo, mente y alma.

Vamos a hacer un pequeño ejercicio, en el cual necesitarás escribir en cada columna en una sola palabra lo que representa a mamá y a papá o a quienes fueron tus cuidadores o figuras principales de influencia en tu vida. Son solo 5 líneas para cada progenitor o cuidador, entonces piensa bien lo que vas a escribir, escribe todo lo bueno o malo que recuerdas en cada casilla; recuerda, usa una sola palabra, por ejemplo, «controladora» o «ausente». Son 5 casillas para mamá, enumeradas del 1 al 5, y 5 casillas para papá, enumeradas del 6 al 10. Ahora que ya tienes a mamá y a papá, recuerda o piensa en un evento por el cual describiste a mamá o a papá de esa manera y en la columna de «yo» escribe en una palabra lo que sentiste o lo que sientes ahora al recordar el evento.

MAMÁ	PAPÁ	YO
1.		1.
2.		2.
3.		3.
4.		4.
5.		5.
6.	6.	6.
7.	7.	7.
8.	8.	8.
9.	9.	9.
10.	10.	10.
MAMÁ	PAPÁ	YO

Ahora revisa tus respuestas. ¿Encuentras que tú también actúas de la manera en la que tus padres actuaron cuando fuiste niña?, ¿o quizá te fuiste al otro extremo por evitar lo que tus padres hicieron? Sin duda lo que escribiste fue algo que te dejó una huella, una impronta y es justo ahí donde debemos reparentalizarnos a nosotros mismos. Con cada evento que recordaste, ahora imagínate a ti como cuando fuiste una niña, ahora tu «yo adulto» está con esa niña, en esa situación, dale a tu niña lo que no le dieron. Por ejemplo, recordaste que tu madre cada vez que llegaba gritaba y se enojaba porque la casa no estaba ordenada y te decía cosas como «eres una inútil, una desconsiderada», «no sirves para nada». Ahora cambia la escena, eres tú esa madre o padre entrando por la puerta y te ves a ti misma como una niña, háblale, dile lo que te hubiera gustado escuchar, abrázala si es lo que hubieras deseado, hazlo para cada caso y toma el tiempo que necesites, haz este ejercicio tuyo. En el futuro te voy a pedir que cada vez que recuerdes algún evento de tu pasado y te cause dolor, recuerda que ese dolor viene de tu niña interior aún lastimada y olvidada, cambia la escena y date tú lo que no te dieron. De preferencia hazlo cuando estés a solas, así podrás darte el permiso de sentir y soltar todo lo que necesitas. Este ejercicio usa básicamente herramientas del PNL, es una de las herramientas que personalmente me gusta más, la visualización, por su versatilidad y porque incluso para algunos escépticos tiene una explicación en los procesos que suceden en nuestro cerebro. De manera resumida, te diré que visualizar es crear, pero para alcanzar lo que deseamos debemos alcanzar un nivel de conciencia alto, lo que quiere decir que debemos haber trabajado en la integración de nuestras sombras y nuestro ego. Visualizar es un arte, pero no es exclusivo de personas especiales, está al alcance de todos, solo que, como todo, requiere disciplina. Es importante que al visualizar lo que deseas imagines todos los detalles, desde los colores, formas, posiciones, sonidos, olores, y que a la vez los combines con el sentir, siente qué está pasando en realidad, siente que lo estás viviendo, regocíjate en disfrutar lo que es el sentir que ya posees lo que deseas. Debemos entender que nosotros también somos los creadores de todo lo que nos sucede en esta vida, es muy fácil culpar a todo lo externo por lo que nos sucede y si bien en la niñez no podíamos hacer nada, ahora existen herramientas como la visualización que, si es aplicada de manera correcta, continua y sin perder la intención y propósito, pueden traer cambios positivos a nuestra vida. Muchos de los resultados no se dan de la noche a la mañana, la sanación es una tarea diaria de amor y compromiso contigo misma. Ahora bien, existen reglas de oro en cuanto a cumplir tus deseos mediante la visualización, todo lo que desees debe ser afín con el amor divino y para un propósito positivo contigo misma o con el otro. Debemos ser responsables y saber que nuestras palabras tienen poder y solo deberían salir propósitos agradables a nuestro creador y alineados en el amor.

3. Conciencia y conexión con el YO SOY

En este capítulo vamos a ponernos un poco más espirituales, pero a la vez también vamos a realizar ejercicios que nos ayuden de manera más perceptible en la sanación.

Cuando menciono la palabra espíritu, me refiero a ese impulso innato de completarnos, de reencontrarnos y descubrir nuestro propio potencial. Todos los seres humanos tenemos una naturaleza divina y vinimos a esta vida a evolucionar y crecer espiritualmente; esta evolución debería ser un proceso natural, y no debería suponer ningún esfuerzo adicional de nuestra parte, ya que la divinidad también está dentro de nosotros, esa chispa divina de nuestro creador está también dentro de cada uno de nosotros. Ahora bien, lo que sucede es que ese proceso natural de evolución espiritual puede ser interrumpido por diferentes eventos que forman parte de experiencias en esta vida que se dan desde el momento de la concepción y, me atrevería a decir, de otras vidas, si crees en la reencarnación.

Enfoquémonos en la sanación; a esta parte la denominé conciencia, porque para renacer, para despertar de esta ilusión en la que vivimos, donde nuestras vidas son solo un reflejo de lo que nos sucedió, donde las experiencias desagradables parecen repetirse una y otra vez y donde hemos perdido el timón de nuestro propio barco, es necesario e imperante que empieces a despertar tu conciencia.

Para ser conscientes de nosotros mismos vamos a usar varias técnicas usadas en la PNL. Analizaremos temas relacionados con tu diálogo interno, usaremos la visualización y haremos contacto nuevamente con nuestra niña interior a través de una carta, y te dejaré una hermosa meditación para que puedas usarla cada vez que la necesites.

Existe una técnica que creo que también podría ser interesante y que sin embargo no vamos a analizar en este libro, que sin embargo tiene herramientas poderosas que podrían ayudar en determinados casos. Esta técnica es la hipnosis, principalmente una terapia regresiva mediante la hipnosis; me parece que, siendo realizada de la mano de especialistas formados, podría tener un impacto positivo para casos que no puedan resolverse bajo las otras técnicas de sanación que planteo en este libro. Hay otros libros que hablan sobre este tema, con la ayuda y soporte de un especialista, ya sea un *coach* o un terapeuta.

3.1. Tu diálogo interno

La paz viene de dentro. No busques afuera.

Buda

Dime, ¿quién es la persona con la que más hablas durante tu vida? ¿Quién está y siempre estará contigo? ¿Cuál es la relación más importante que tienes y con quién? No, no son tus hijos, tus padres, tu esposo o novio, tu amiga querida, tu vecina amable, tu mascota, etc. ¡No!, la única respuesta a todas esas preguntas es: «soy yo mismo», entonces tenemos que trabajar en esta relación de manera primordial, en la relación con nosotros mismos.

No podía iniciar este capítulo de una mejor manera que acompañada por esa hermosa frase de Buda. ¿Qué piensas de esa frase?, ¿estás de acuerdo con Buda?; espero que sí, porque si hay algo que te puedo asegurar es que la verdadera felicidad no está afuera, sino dentro de cada uno de nosotros.

¿Recuerdas el concepto de percepción?; espero que sí, porque lo volveremos a mencionar en este capítulo.

La realidad es creada por nosotros mismos y, para nuestro crecimiento espiritual, es importante clarificar que aunque todos vivimos en un mismo planeta, la realidad no es la misma para todos, el cómo vemos el mundo depende mucho de nuestra percepción individual, y nuestra percepción se puede ver afectada por nuestras creencias limitantes, nuestras improntas e incluso por nuestro estado de ánimo. Si hablamos sobre las heridas de la infancia y sus máscaras, sin lugar a dudas estas también tienen influencia en la forma en la que percibimos el mundo. Todas esas situaciones tienen el potencial de hacer que en esta vida veamos la realidad como si la miráramos bajo unos lentes que no son de la medida correcta, es decir, podemos ver la realidad de una manera distorsionada, pero no nos damos cuenta; para nosotros esa es la realidad, no lo dudamos, y juzgamos a quien ve las cosas diferentes olvidando que lo que el otro ve con sus lentes es también la realidad.

Es muy importante en el proceso de sanación empezar a escuchar tu diálogo interno, y no voy a cansarme de decirlo, debemos hablarnos de manera impecable, ya que tan solo con prestar atención a cómo te hablas, te darás cuenta de si te estás autoayudando o autodestruyendo. El diálogo interno es un proceso natural y constante que ocurre en la mente humana. A menudo, las personas no somos conscientes de nuestro diálogo interno y está pasando todo el día, seguramente mientras lees este libro tu diálogo interno está presente… Presta atención…, presta atención y escucha lo que te dices a ti misma.

El modo en el que te hablas a ti misma, de cierta forma te define. Creemos que es importante el cómo hablamos con los demás, cuidamos nuestras palabras y cómo nos dirigimos a nuestros padres, hermanos, amigos, vecinos, etc., y descuidamos el cómo nos hablamos a nosotros mismos; déjame decirte que no existe relación más importante en tu vida que la relación que construyas contigo misma; si tienes una buena relación contigo misma, no tendrás que esforzarte nunca más, ni usar ninguna máscara ante los demás para mantener relaciones saludables externamente. ¿Fácil?, oh no, lamentablemente no lo es, porque escuchar tu diálogo interno es un proceso de aprendizaje y trabajar en modificar tu diálogo interno cuidando el cómo te hablas a ti misma es otro paso hacia adelante de la autoexaminación, que te llevará a lograr un mayor grado de conciencia.

En el caso de las heridas de la infancia, el diálogo interno a menudo se convierte en un patrón de pensamiento negativo y destructivo que puede durar toda la vida si no se trabaja en su modificación.

Por ejemplo, si una persona experimenta el abuso emocional en la infancia, puede desarrollar un diálogo interno crítico y autocrítico que continúe durante toda su vida. Esta persona puede sentirse constantemente inadecuada y juzgada, lo que puede afectar su autoestima, relaciones y éxito en la vida.

Es importante identificar los patrones de pensamiento negativo y reemplazarlos con un diálogo interno más positivo y saludable.

Una herramienta útil para cambiar el diálogo interno negativo es la meditación y la práctica de la atención plena. La meditación puede ayudar a una persona a ser más consciente de su diálogo interno y a aprender a controlarlo de manera más efectiva. La práctica de la atención plena puede ayudar a una persona a vivir en el presente y a liberarse de las preocupaciones y traumas del pasado.

Por ejemplo, si una persona tiene un diálogo interno negativo que la hace sentir insegura, es probable que vea a los demás de manera negativa y asuma que los demás la perciben de la misma manera. Por otro lado, si una persona tiene un diálogo interno positivo y se siente segura de sí misma, es más probable que vea a los demás de manera positiva y asuma que los demás la perciben de la misma manera.

Te pregunto: ¿te has escuchado diciéndote cosas como las siguientes?: «No debí decir eso, pero qué tonto soy», «siempre me llegan las ideas después de que dije algo incorrecto», «no puedo hacerlo, mejor lo olvido», «siempre me equivoco, soy el peor», «ella es perfecta, no como yo, que soy…», «nadie me quiere, mejor me quedo sola», etc. Podría darte más ejemplos, pero mejor dejaré que tú misma identifiques tu diálogo interno con el ejercicio al final de este capítulo.

Ejercicio 1:

Por un solo día, presta atención a todo lo que te dices a ti misma. ¿Te parece fácil?, te asombrarás de la cantidad de diálogo interno que tienes.

Este ejercicio consiste en hacerte notar tu diálogo interno, lo podemos hacer de dos maneras, aunque yo prefiero una sobre la otra. Para la primer forma de realizarlo, debes contar con un cuaderno y un lápiz o lapicera; cada vez que veas que estás teniendo esa vocecita en tu cabeza que te dice algo, ya sea como reacción ante alguna situación o persona o simplemente mientras haces alguna actividad, escribe en tu cuaderno cada vez que tengas chance y escribe todo lo que recuerdas que te dijiste o que pensaste hacia otros en diferentes situaciones o hacia ti misma. Para realizar este ejercicio puedes hacerlo cada vez que se inicie tu diálogo interno o al final del día. De preferencia, cada vez que tengas la oportunidad de anotar, ¡anota!, la mente también tiene tendencia a eliminar muy rápido estos juicios y continuar con nuevos.

Al final del día, revisa cuántos de estos diálogos internos fueron positivos y cuántos negativos. Reemplaza los diálogos negativos por positivos, por ejemplo: «Nunca logro nada, mejor lo olvido», cámbialo por «puedo lograrlo, yo soy una persona capaz y suficiente»; hazlo así con todos los diálogos negativos que anotaste o que recuerdes. No importa si tu mente consciente no lo ve como realidad, solo repítelo. En los días posteriores te pido que prestes atención a tu diálogo interno y cada vez que escuches esa vocecita diciendo lo malo o inferior que eres, cámbialo por algo positivo y hazlo, aunque no te parezca natural o verdadero, solo hazlo y verás cómo irás modificando ese diálogo.

La otra manera de realizar el ejercicio es simplemente escuchando esa voz en tu cabeza y decirte a ti misma, y cuestionarlo, cuestiona todo el diálogo negativo que te venga a la cabeza, ya sea relacionado contigo misma o hacia otros. Recuerda, cada vez que tenemos un diálogo interno relacionado con el otro de manera negativa, muy probablemente lo estamos juzgando, estamos actuando el papel que nuestro ego quiere que juguemos, el papel de víctima en muchos casos, el papel de salvadora, el papel del egocentrismo, etc. Reconocer nuestro diálogo interno es empezar a notar cómo nos relacionamos con los demás y te aseguro que eso puede cambiarlo todo.

Cuando yo empecé a trabajar en notar mi diálogo interno quedé admirada por lo dura que era conmigo misma; a la vez y poco a poco, logré escuchar esa voz interna dura con otros y que juzga sin piedad, esa voz que decía muchas cosas, desde «es que tú no me escuchas y por eso no me entiendes», hasta «eres un tonto insensible», etc. Este es solo un ejemplo, pero para ejemplos en este caso, solo tienes que escucharte a ti misma y verás cómo te quedas boquiabierta.

A continuación veremos el poder del uso de las palabras «yo soy»; imagínate lanzar todos esos duros juicios hacia ti misma y usar las palabras «yo soy»… Mejor sigue leyendo y me comprenderás mejor.

El poder del uso de las palabras YO SOY

El solo mencionar estas palabras eriza mi cuerpo, en el más puro y buen sentido, porque me recuerda que he vivido ciega por un largo tiempo. Crecí pensando en que yo era tan solo un cargo, una ocupación, un título, una posición y un estado, y no hay nada más alejado de la realidad. Hoy, a mis 45 años, me vengo a dar cuenta de que mi valor no es de este planeta, de que mi valor no radica en lo físico y superficial de esta tierra, que está por encima de todo eso.

Es muy simple y se trata de usar las palabras YO SOY; para esto, voy a apoyarme en las explicaciones de metafísica de Conny Méndez, quien explica que todo lo que pensamos se manifiesta en nuestra vida, esta teoría de cierta manera también está de acuerdo con la teoría descrita por Neville Goddard en sus libros sobre la manifestación. Cada palabra que te dices a ti misma es un decreto, entonces ¿qué estás decretando cuando te dices cosas negativas?, ese es el diálogo que debemos cambiar. De modo que a partir del día de hoy empieza a decretar cosas positivas para tu vida. Esta ley de la realización que mencionan tanto Conny Méndez como Neville Goddard y que personalmente estoy poniendo a prueba es de amor, no puede ser usada en contra de otras personas o para desearles el mal, ya que lo que desees también te será devuelto.

Dios, el universo, la fuente de todo, el creador, como prefieras llamarlo, está siempre contigo, siempre presente y listo para escucharte, el problema es que no sabemos acudir a él. Él nos creó y quiere para nosotros una vida plena, todo lo puso en este mundo a nuestro alcance, pero depende de nosotros aceptar sus regalos y tomarlos como nuestros. No dudes, no tengas una mente doble, porque al dudar ya lo estás rechazando.

No uses las palabras «yo soy» por delante de palabras que no sean para propósitos puros y buenos, ya que son palabras que tienen poder. Me gustaría que, cuando digo «palabras», también incluyas las palabras que se dicen en tu diálogo interno, no creas que porque no salen de tu boca no tienen poder; lo tienen, nuestros pensamientos, nuestras emociones, tienen energía, y atraeremos eso que nos decimos así sea en el diálogo interno.

Ejercicio 2:

Este ejercicio debería ser más que un ejercicio que hagas por única vez, debería ser una nueva forma de vida para ti, ya que te devolverá la seguridad en ti misma. Te invito con el corazón a que empieces el día de hoy a mejorar tu relación contigo misma, te invito a iniciar muchas de tus oraciones con las palabras «yo soy», estas palabras que están cargadas de energía del universo, de energía de nuestro creador. No dudes más, mírate a ti misma con ese amor y respeto que quieres que los demás sientan por ti. Toda esa fuerza inquebrantable está dentro de ti, tu valor no está estipulado por lo que los demás crean o piensen de ti, ni siquiera por todos los bienes materiales que posees, y no estoy sugiriendo que dejes todo y que hagas un voto de pobreza, todo lo contrario, nuestro creador nos trajo a esta vida para que seamos felices, plenos en todos los aspectos, incluido el económico; lo que estoy diciéndote es que debes dejar de buscar afuera lo que está dentro de ti.

Cree en la posibilidad de las maravillas que están en esta vida para nosotros; el mismo día de hoy comienza a decir «yo soy abundancia, yo soy amor, yo soy salud», etc., y decreta lo que quieres en tu vida, no te pongas a analizar cómo llegará a tu vida, solo decrétalo, acéptalo y vive de manera consciente con la sensación de que ya es tuyo y se manifestará; ahora bien, esto no funcionará si tú vas por la vida haciendo daño a los demás, juzgando y juzgándote, todo será tuyo porque ya lo es, pero el secreto está en encontrarte a ti misma sin juzgar (que no es trabajo fácil, pero tampoco imposible, implica el trabajo con las sombras y la integración del ego), y de ahí para adelante todo es posible, sé que es difícil de creer, pero todos los tesoros de esta tierra fueron dejados para ti. Empieza por trabajar con tu diálogo interno y cuando ya lo notes y estés trabajando en modificarlo, pon a prueba el ejercicio de tenerte más amor propio y amor hacia los demás; ¿pierdes algo al intentarlo?, lo dudo, pero vaya que podrías ganar mucho.

3.2. Carta a tu niña interior

No sé si te gusta escribir o no, pero debo decirte que la terapia narrativa o escritura terapéutica es una herramienta que nos puede aportar un gran valor, principalmente porque tiene un poder increíble que ha sido y seguirá siendo usada para lograr una conexión exquisita con nuestro interior, con nuestra verdadera esencia.

¿Que no eres escritora?, no importa. La escritura terapéutica no está asignada solo para los escritores, la puede realizar cualquiera. Yo sé que hoy en día casi nadie escribe a mano, todo es a computadora, pero teclear en una computadora no tiene ni de cerca el poder de la escritura; qué pena que cada vez se use menos. Escribir a mano es mucho más liberador que escribir en una computadora, por lo que te pediré que para este caso, que es tuyo y personal, te inclines a escribir a mano, aunque si realmente prefieres la computadora, está bien.

Escribir una carta a tu niña interior te proveerá de una sensación de liberación muy agradable. Esta liberación llegará gracias a que la escritura te permite canalizar, soltar, desahogar emociones y sentimientos que están encapsulados o atrapados dentro de nosotros, así como también puede ayudarte a entender, perdonarte y quererte de la forma que te gustaría, ahora que tú puedes hacerlo para ti misma.

Primero, empieza escribiendo cómo te recuerdas, busca todo lo maravilloso y positivo que recuerdas de ti, escribe qué te gustaba, qué te hacía feliz, qué te asustaba. Expresa tu amor hacia tu niña interior, dile que la amas, que estás orgullosa de ella, que a pesar de lo duro y difícil que fue y de haber salido lastimada, ella fue una guerrera fuerte; explícale que ella era solo una niña y no entendía lo que pasaba y que, a la vez, no podía hacer nada al respecto, dile que ahora tú vas a cuidarla y que nunca más estará sola, discúlpate por haber tardado. Esta es solo una idea de cómo podrías escribir una carta a tu niña interior, mi consejo es que empieces a escribir y dejes que fluya, que fluya ese amor que ahora como adulto puedes darle a tu niña interior. Escribe tu carta y, si lo deseas, cuéntame lo que sentiste. Se vale llorar, se vale sentir, se vale emocionarse hasta el tuétano, se vale escuchar tu interior sin censurar, sin juzgar lo que sientas.

3.3. Meditación *mindfulness*

Esta meditación es una herramienta maravillosa que se basa en la observación; la intención al realizarla es ayudarte a observar la realidad en el momento presente y hacerlo sin ninguna pretensión. Nuestra mente tiene una tendencia natural a divagar y mantenerse en círculos de pensamiento una y otra vez, nuestro diálogo interno no se detiene y muchas veces puede ser abrumadora la cantidad de pensamientos que tenemos a cada minuto.

Según un estudio realizado por la universidad de Harvard, una mente divagante es una mente infeliz.

Es interesante y desconcertante entender que nos cuesta muchísimo estar con nosotros mismos, es decir, estar en silencio se nos hace difícil, así que, en lugar de disfrutarlo, agarramos el móvil, encendemos la televisión, buscamos todo tipo de distracciones porque nos sentimos incómodos al estar con nosotros mismos. Inclusive en situaciones cuando deberíamos estar totalmente presentes no lo estamos, nuestros cuerpos están en un lugar y nuestras mentes en otro, somos invadidos constantemente por nuestro propio diálogo interno, ya sea que recordamos cosas que debemos hacer, problemas no resueltos, situaciones que debemos resolver, etc. Simplemente todo tipo de pensamientos se cruzan por nuestra cabeza, a eso se le llama divagar y la divagación nos hace menos felices.

La meditación es una herramienta que busca devolvernos la atención plena, trata de enfocarnos, es un entrenamiento de nuestra mente para estar más presentes. Al meditar se produce un estado de relajación profunda que ayuda a liberar el estrés y la ansiedad, así como a reconocer la velocidad y lo intrusivo de nuestros pensamientos; reducir la velocidad de nuestros pensamientos nos ayuda a establecer una relación con nosotros mismos. Al principio puede ser retador; cuando yo empecé a meditar mis pensamientos no podían quedarse quietos; al practicarlo más empecé a notar cómo mis pensamientos volaban hacia, por ejemplo, cosas que tenía que hacer, pendientes por atender, la visita que tenía que hacer a una amiga, las tareas del hogar y/o de la oficina, hasta lo que almorzaría al día siguiente; nuestros pensamientos pueden ir en cualquier dirección, ya que no estamos acostumbrados a estar en silencio, en silencio con nosotros mismos, lo importante es reconocer cuándo nuestros pensamientos se van y traerlos de vuelta con amor, perseverancia y paciencia; estar en el presente es regocijante, es liberador. Los beneficios de la meditación son incontables y están al alcance de todos, no es necesario ningún equipo externo adicional, por lo que solo requiere decisión para llevarla a cabo.

En el caso de las heridas de la infancia, meditar sin duda te pone más en contacto con tu ser interior y es otro paso más para vivir una vida en mayor sintonía contigo misma, en sintonía con el plan divino, en sintonía con tu propia divinidad.

Aquí te quiero dejar algunas instrucciones simples y mi mirada de cariño para que puedas iniciar este nuevo camino, que es personal; si ya eres alguien que practica la meditación, esto será algo conocido para ti; de cualquier manera, espero que estas líneas sean beneficiosas para ti.

Para empezar, busca un lugar donde puedas estar sola y sin interrupciones. Cuando estés lista, cierra los ojos y concéntrate en tu respiración. Escucha el sonido de tu respiración y siente el aire al inhalar y al exhalar por tus fosas nasales, no te presiones y limítate a enfocar tu atención en tu respiración. Observa los pensamientos que vienen a tu mente, con mucho amor déjalos pasar e irse y vuelve a concentrarte en tu respiración. Mi recomendación es que para iniciar hagas este tipo de ejercicios al menos durante 10 minutos diariamente, poco a poco te irás sintiendo más cómoda y podrás gradualmente incrementar el tiempo, así como aplicar más técnicas relacionadas con la meditación y tus objetivos.

Una palabra que aprendí ya en mi adultez y que me hubiera encantado haber conocido antes es la palabra y el concepto de la resiliencia. La resiliencia es una virtud que consiste en adaptarse y superar la adversidad por un trauma, tragedia, amenaza; en definitiva, momentos desfavorables con la convicción de que podrás salir adelante a pesar de la adversidad. La meditación es una técnica que también te ayuda a ser más resiliente.

Muchas veces, cuando nos sentimos solos, tristes o estamos pasando por momentos difíciles, nos cuesta mucho ver la la luz al final del túnel, nos cuesta mucho creer que esa mala racha, esa mala temporada pasará, y lo entiendo al 100 %, yo he estado ahí y muchas veces aún tengo recaídas, es parte del proceso, confía, confía, confía…, no te rindas, ten paciencia, te prometo que pasará, cualquier dolor, por más fuerte que sea, tiene un término y al hacernos responsables podremos acortar la agonía. Confía, confía, confía.

Yo sé que todos tenemos capacidades diferentes y a la vez todos tenemos capacidades similares para lograr una serie de hitos en esta vida; la resiliencia es una capacidad que todos tenemos y podemos desarrollar. A continuación, quiero que disfrutes de leer una fábula sobre la resiliencia humana:

La fábula del helecho y el bambú

Un día decidí darme por vencido… Renuncié a mi trabajo, a mi relación, a mi vida. Fui al bosque para hablar con un anciano que decían era muy sabio.

«—¿Podría darme una buena razón para no darme por vencido? —le pregunté.

—Mira a tu alrededor —me respondió—. ¿Ves el helecho y el bambú?

—Sí —respondí.

—Cuando sembré las semillas del helecho y el bambú, las cuidé muy bien. El helecho creció rápidamente. Su verde brillante cubría el suelo. Pero nada salió de la semilla de bambú. Sin embargo, no renuncié al bambú. En el segundo año el helecho creció más brillante y abundante, y nuevamente, nada creció de la semilla de bambú. Pero no renuncié al bambú. En el tercer año, aún nada brotó de la semilla de bambú. Pero no renuncié al bambú. En el cuarto año, nuevamente, nada salió de la semilla de bambú. Pero no renuncié al bambú. En el quinto año un pequeño brote de bambú se asomó en la tierra. En comparación con el helecho, era aparentemente muy pequeño e insignificante. El sexto año, el bambú creció más de 20 metros de altura. Se había pasado cinco años echando raíces que lo sostuvieran. Aquellas raíces lo hicieron fuerte y le dieron lo que necesitaba para sobrevivir. ¿Sabías que todo este tiempo que ha estado luchando, realmente ha estado echando raíces? —le dijo el anciano, y continuó—: El bambú tiene un propósito diferente al del helecho, sin embargo, ambos son necesarios y hacen del bosque un lugar hermoso. Nunca te arrepientas de un día en tu vida. Los buenos días te dan felicidad. Los malos días te dan experiencia. Ambos son esenciales para la vida. La felicidad te mantiene dulce. Los intentos te mantienen fuerte. Las penas te mantienen humano. Las caídas te mantienen humilde. El éxito te mantiene brillante… Si no consigues lo que anhelas, no desesperes…, quizás solo estés echando raíces…».

(Cuento oriental)

No te desesperes, no corras cuando primero necesitas aprender a caminar. Recuerda: quizás solo estés echando raíces.

Técnica de revisión diaria - Autobservación

¿Qué es esto? Estamos tan adaptados y acostumbrados a observar a los demás, al otro, sobre lo que hace, lo que dice, cómo lo hace, cómo lo dice, y con base en la observación a otros lanzamos juicios fundamentados en nuestra percepción, es decir, básicamente lanzamos juicios injustos basados en cómo nosotros vemos el mundo y en cómo queremos que todos actúen, tal y cual como a nosotros nos gustaría; es decir, nuestro ego se pone también en acción.

En este apartado lo que planteo es que, en lugar de observar al otro, empieces a observarte a ti misma. No, no empieces diciendo «¿cómo hago eso?, ¡yo soy perfecta!». Si te dijiste algo así, es nuevamente tu ego hablando. Autobservarte es mirarte a ti misma como si fueras un observador afuera de ti; sé que quizá suena complicado de entender; lo aclararemos. Nuevamente, confía.

Cuando empiezas a observarte a ti misma, tu relación con los demás cambia, por lo tanto, la forma en la que ves el mundo y esta vida también cambia, dejas de ser la víctima, pasas de la queja al entendimiento y comprensión.

Mi recomendación (y es como yo empecé a aplicarlo y aún lo hago) es hacerlo al final del día. Busca un momento tranquilo, así sean cinco minutos y vuelve a tu mente las cosas que hiciste o dijiste ese día; por ejemplo, si discutiste con alguien, si no tuviste paciencia en alguna circunstancia o con alguna persona, si le gritaste, si sentiste ira, rabia, enojo, cólera, es decir, cualquier situación en la que puedas identificar que ciertas emociones y sentimientos intervinieron. Trae una a una cada experiencia del día y analízala como si analizaras a otro. ¿Por qué dijiste eso? ¿Por qué reaccionaste así? ¿Las reacciones que tuviste fueron correctas? Recuerda, no mires desde el ego o seguirás en la ruleta de sentirte siempre la víctima, y esto evitará que te hagas responsable de tu propia vida; también debes recordar que el otro tiene su propia forma de ver las cosas, el otro es otro y no siempre pensará o actuará como tú quieras; tampoco sabes por lo que la otra persona está pasando; por ejemplo, porque te respondió mal la señora del supermercado, quizá tuvo un mal día, quizá tiene a alguien enfermo, quizá ella misma está enferma y aun así debe trabajar; existe un sinfín de causas y tú no necesitas saberlas; lo que sí debes saber es que esa persona actuó desde su propia experiencia y percepción, que es muy diferente a la tuya.

Cada uno de los recuerdos, de tus acciones y/o palabras, analízalas y piensa cómo hubiera sido mejor que actuaras, qué debiste haber dicho; otra vez no desde el ego, que siempre te dirá que eres la víctima. Analiza incluso ese pensamiento que te pasó por la mente diciendo algo sobre el otro. Parece inofensivo, pero nuestros pensamientos y palabras tienen energía y poder, no los desperdicies hablando mal de otros o ni siquiera pensando mal sobre otros y mucho menos sobre ti misma. Evita decirte «es que así soy yo» a manera de sentirte aceptada por ti misma y a la vez cortar cualquier posibilidad de juicio y crítica externa; aquí, nuevamente es tu ego hablando porque normalmente decimos «es que así soy yo» cuando se trata de cosas negativas o que te desvalorizan. Recuerda, todos somos hijos del creador, todos somos seres de luz, todos somos seres llenos de energía y dignos de amor, somos cocreadores de nuestra vida.

Repite, «yo soy hija del creador, yo soy un ser de luz, yo soy un ser lleno de luz y digna de amor, yo soy cocreadora de mi propia vida. Gracias, gracias, gracias».

Meditación con visualización trabajando con tu niña interior:

Después de ese relato hermoso, a continuación te dejo una visualización de sanación para tu niña interior:

Para iniciar, te voy a pedir que encuentres un lugar tranquilo, calmado, donde puedas sentarte cómodamente o acostarte y sentir que no serás interrumpida. Cerramos los ojos y nos dejamos llevar por nuestra respiración, centramos nuestra atención en nuestra respiración. Inhalamos profundamente por la nariz y exhalando por la boca, vamos a practicar este ejercicio de respiración por 5 tiempos. No te impacientes si tu mente empieza a divagar y tus pensamientos te llevan a pensar en los pendientes que tienes, o lo que pasó o dijiste durante el día, etc. Ten paciencia contigo y con tu propia mente. Si eres nueva en este proceso, esto te tomará algún tiempo y práctica; nuevamente, ten paciencia. Cada vez que tus pensamientos se distraen, vuelve a poner tu intención en tu respiración y trata de escucharla; hazlo las veces que lo necesites.

Ahora imagina que estás en tu lugar favorito, este lugar favorito puede ser un lugar real que conoces o un lugar imaginario creado por ti y para ti. Empieza a caminar por este lugar, siente el amor que te envuelve y sientes una calidez y una energía atravesando tu cuerpo de manera increíble. Visualízate rodeada de luz, en tu lugar favorito no existe ningún miedo, ninguna vergüenza, ningún resentimiento, te sientes fuerte, segura, amada y vibrando alto con toda esa energía maravillosa que brilla en este lugar y que se transmite a tu propio cuerpo. Sientes paz, armonía y mucha calma, estás en sintonía con tu propio ser.

Ahora, desde este lugar de amor y plenitud, vamos a conectar con tu hermosa niña interior. Tráela a tu imaginación, visualízala lo más claro posible que puedas, mírala, observa los detalles de su rostro, su pelo, su vestimenta, su postura, su mirada.

Mírala detenidamente sin ningún juicio ni crítica, mírala con amor, y desde ahí, empieza a crear una lista mental de las características positivas que tiene. ¿Es amigable?, ¿es creativa?, ¿es valiente?, ¿es juguetona?, ¿es amable?, ¿es imaginativa?, ¿es curiosa? Incluye en tu lista todo lo que puedas recordar de tu niña, ya sea que lo expresara libremente o que no. Tómate unos minutos para hacer esta lista, enfocándote en todo lo que amas y valoras de tu niña interior, descubre incluso esas características que no viste antes y que ella tiene, quizá no habías notado que ella era muy dulce, que era muy fuerte, que era muy inteligente, etc.

Avanza hacia ella y, muy despacio, acércate, mírala a los ojos y transmite el amor que tienes para ella, suavemente tómale de la mano..., siente su pequeña manito junto con la tuya, siente la temperatura de su mano, ¿está caliente?, ¿fría?, ¿cálida?..., siéntela. Con mucho amor, diríjanse hacia un hermoso lugar donde pueden sentarse juntas y en silencio, por unos segundos, y sin decir una palabra mírala con amor y respeto. Que tu mirada exprese amor incondicional y aprobación plena. Ahora, es momento de interactuar mediante tu voz con ella, sin quitar tu mirada amorosa de ella, dile: mi amada niña, eres hermosa, eres única, eres importante, mereces ser escuchada, mereces ser cuidada, mereces ser vista, mereces vivir en plenitud, ya no estás sola, y no lo volverás a estar, estoy aquí para ti, no voy a dejarte sola nunca más, estás segura aquí ahora, y en adelante no temas, yo voy a escucharte, voy a acudir cuando me necesites, voy a abrazarte y darte la atención y el cariño que te hicieron falta, tomaré tu mano y no caminarás sola nunca más, nunca más serás invisible y si necesitas llorar o reír a carcajadas, puedes hacerlo..., te acepto, te amo y estás segura conmigo. Ahora, mírala a los ojos con cariño y pregúntale si tiene algo que decirte, dale tiempo para responder y escúchala sin prisas y sin juzgarla, déjala desahogarse y decir todo lo que necesite, quizá solo necesite un abrazo que le haga sentirse segura, quizá solo necesite de tu mirada amorosa, dale tú lo que tu pequeña necesita.

Mientras hablas con tu niña interior, permite que cualquier emoción que surja fluya sin resistencia. Si te sientes triste, enojada, abrumada o feliz, permítete sentirlo y aceptarlo sin juzgar y tómate el tiempo que necesites para hacerlo.

Es el momento de abrazar a esa niña, acogiéndola con amor, comprensión y compasión. Visualízala envolviéndola con una luz cálida, brillante y llena de una energía de alta vibración que la protege de cualquier dolor, tristeza o sufrimiento. Siente la nueva conexión que has creado con tu propia niña interior y vuelve a tu mente consciente todas esas cosas positivas que recuerdas de ella, y experimenta cómo una luz blanca de energía pura y divina cae desde arriba cubriéndolas a ambas con todas esas cosas positivas que has identificado en tu niña interior.

Es la hora de respirar profundamente y visualizar a tu niña interior sonriendo y feliz, percibiéndose segura, amada y contenida, sintiendo que ahora tiene una nueva oportunidad de ser feliz, de despertar a un nuevo día. Ahora ella sabe que siempre estarás ahí para ella, ofreciéndole amor y protección incondicional.

Permanece en este estado de amor, compasión y conexión durante el tiempo que desees. Cuando estés lista, lentamente abre los ojos y lleva esta sensación de amor y sanación contigo durante el resto del día. Repite esta meditación las veces que necesites hacerlo.

4. *Tips* para días grises

Después de escribir el borrador de este libro decidí enviarlo a una amiga muy querida para que lo leyera, y ella me dio un *feedback* muy enriquecedor; adicionalmente ella me sugirió hacer un apartado donde pueda dar *tips* para días grises; después de pensarlo mucho decidí agregarlo y a la vez darle un pequeño giro a lo esperado en un apartado como este.

¿Tendrás días grises en los que no verás la luz de salida? Sí, te mentiría si te dijera que no será así, pero nuevamente el proceso es personal y diferente para cada persona. De cualquier forma voy a darte pequeños *tips* que pueden ayudarte en el proceso, pero quiero recordarte que son solo temporales, es decir, te darán alivio temporal, sin embargo, solo lograrás alivio a largo plazo en el trabajo constante en ti misma y autoobservándote de manera más consciente.

Aquí un pequeño aporte de *tips* para días grises:

1. Caminar. Muchas veces, cuando nos sentimos muy abrumados, una buena caminata puede ayudar a llevar oxígeno a tu cerebro y calmar todo ese océano turbulento de emociones.
2. Escribir. Como ya lo dije antes, la terapia de la escritura es maravillosa y liberadora, solo escribe todo lo que sientes, descarga todo en un papel.
3. Soltar las emociones fuertes mediante los golpes a un objeto inanimado suave, de preferencia como una

almohada; la idea es liberar todas esas emociones fuertes que te pueden estar invadiendo y volver a tu centro, y de esta manera evitar actuar o decir cosas que no estén en el amor y puedan dañarte a ti y a otros.

4. Respirar. Respirar es gratis, dicen por algunos lugares, y nada más cercano a la verdad; lo hacemos de manera inconsciente; sin embargo, muchas veces cuando estamos bajo el efecto de nuestras reacciones y emociones nuestra respiración se hace más agitada, se suprime de cierta forma el nivel de oxígeno que llega a nuestro cuerpo, ya que nuestro cerebro se coloca en situación de sobrevivencia, entonces somos presas más fáciles. Es ahí cuando debemos hacer de la respiración una herramienta consciente. La respiración profunda tiene la capacidad de regular nuestro sistema nervioso; al hacerlo oxigenamos partes del cerebro que están siendo restringidas de oxígeno y nos devuelve a un estado de mayor relajación y control emocional. Entonces, ¿te animas a usarla?, espero que sí, pruébala, después de todo, ¿qué puedes perder?, nada, y puedes ganar mucho.

5. Agradecimiento

Con las herramientas anteriores, si las aplicaste de manera honesta, deberías estar en una situación diferente a la que tenías al iniciar este libro o al menos sentir que tú puedes cambiar tu vida, que solo depende de ti y está en tus manos; tú decides cuándo iniciar el camino; sin embargo, no podía dejar de lado esta herramienta maravillosa que puede cambiar tu vida y ser parte de tu transformación y renacer.

La gratitud tiene el poder para transformar tu vida y hacerte verla de una manera mucho más plena y agradable. Somos seres de energía y la gratitud es una energía de pensamiento de alta vibración, y por lo mismo, solo atraerá de vuelta energía de la misma vibración.

Es una práctica muy fácil de realizar, de la cual puedes obtener beneficios incalculables. Los beneficios van desde lograr un mejor sueño hasta mejorar tu autoestima y lograr más tus objetivos.

Te sugiero que te despiertes cada mañana y en lugar de mirarte al espejo y empezar con el diálogo interno negativo, inicies dando gracias por cinco cosas de las cuales estás agradecida, esto lo puedes hacer inclusive antes de levantarte, puedes hacerlo desde tu cama. Agradecer nos abre las puertas a la abundancia, ya que entramos en la vibración de la abundancia y no en la carencia. Agradece por las cosas con las que parece que naciste o a las que estás tan acostumbrada que has olvidado cómo hacen tu vida mejor, como agua para beber, agua que corre por un grifo, un techo donde cobijarte y descansar, una cama donde dormir, tu cepillo de dientes, tu ropa, ese café apurado, etc. Con todo el ajetreo de la vida damos por sentado un sinfín de maravillosas cosas que somos afortunados de tener, te aseguro que con solo dar las gracias ya empezarás a ver la vida de manera diferente. Solo mira a tu alrededor y te darás cuenta de que tienes mucho por lo que estar agradecida. Muchas personas lo hacen repitiéndolo mentalmente y está muy bien, otros llevan un diario de agradecimiento, lo cual, gracias a lo visual del ejercicio de escribir, lo hace aún más poderoso; no tienes que correr a comprar un diario, puedes hacerlo en cualquier cuaderno que tú designes para este fin. Estamos tan sumergidos en nuestros hábitos, tanto buenos como malos, que nuestro cerebro muchas veces se niega a hacer el cambio de chip, y seguramente después de unos días te solicitará de manera sutil que dejes de hacerlo, solo porque el otro camino, el de quejarse y no escribir un «gracias» o mantenerlo en mente es más conocido; por favor, mantente firme y da las gracias de manera diaria. Si lo olvidas de manera involuntaria o si solo puedes escribir dos cosas en un determinado día, está bien, sé paciente contigo misma, lo importante es no abandonar este nuevo hábito.

Hay otra forma en la que puedes usar esta técnica y que personalmente me parece maravillosa, y es agradecer por lo que quieres ser. Así mismo, fíjate un propósito de lo que quieres lograr y agradece por ello como si ya lo tuvieras. Escribe en presente, por ejemplo, si quieres encontrar un trabajo nuevo, agradece por ese trabajo como si ya lo tuvieras. En este último tiempo he leído a Neville Goddard, quien indica que tú puedes crear tu realidad, que puedes usar tu imaginación; yo le llamaría visualización y atraer lo que desees, pero no es tan sencillo, ya que para lograrlo tienes que estar en contacto con tu ser, con tu divinidad. Por ejemplo, en el caso de querer encontrar un nuevo trabajo, Neville sugiere que lo pidas en un momento de relajación y que imagines que ya lo tienes, que empieces a sentir y a vivir como si ya lo tuvieras; básicamente, es sentir una fe total sin lugar a la duda de que lo que pides te será dado. Me parece que si lo haces desde el agradecimiento, con el corazón y teniendo fe absoluta, todo lo que imaginas te podría ser dado.

Para finalizar este libro debo de agradecerte por haberlo leído y con la certeza de que no existen casualidades; si llegaste aquí, es porque existe algo que te atrajo y aquí estás ahora, con la oportunidad en tus manos de sanar, con la oportunidad de cambiar el cómo te hablas a ti misma y cambiando el uso que le das a las palabras «yo soy» antes de cualquier adjetivo, con la oportunidad de autoobservarte y así entenderte y entender a otros mejor, sin juicios y desde la neutralidad, con la oportunidad de acercarte más a ser quien viniste a ser en esta vida y de esta forma romper y acabar con la perpetuación de heridas generación tras generación. Gracias por darme la oportunidad de ser parte de tu camino de amor, del reencuentro con tu niña interior y decirle «buenos días, mi amada niña», como un símbolo de un nueva oportunidad, un nuevo comienzo para ambas; gracias por darte la oportunidad de hacer un mundo mejor en el que exista mayor comprensión y empatía entre los seres humanos.

¡Gracias!

BIBLIOGRAFÍA

Anamar Orihuela: (2019) *Transforma las heridas de tu infancia*

Lise Bourbeau (2015) *La sanación de las 5 heridas*

Lise Bourbeau (2021) Las 5 heridas que impiden ser uno mismo